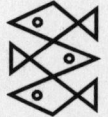

Sie wissen genau, was Sie wollen: reich und glücklich sein, eine harmonische Beziehung haben, Karriere machen, Freunde gewinnen, etwas Sinnvolles schaffen, ein interessantes Leben führen. Doch wie sich das erreichen lässt, ist Ihnen weniger klar, denn auf das Spiel des Lebens wurden wir unzureichend vorbereitet. Niemand hat uns erklärt, wie es funktioniert und welche Gesetze wir beachten müssen, um Glück, Liebe und Erfolg zu erreichen. Zum Beispiel, dass nur ein schrittweises Vorgehen auf die Dauer weiterbringt, dass wir immer einen Preis zahlen müssen oder unbedingt auf unsere Seele hören sollten.

Eva Wlodarek hat diese unverzichtbare Anleitung nun geschrieben. Mit sieben elementaren Spielregeln, die für jeden gelten, bietet sie ein hervorragendes Handwerkszeug, das eigene Leben auf dem gewünschten Gebiet oder insgesamt erfolgreich zu gestalten. Dabei ist der Weg bereits das Ziel. Sobald Sie die Spielregeln konsequent anwenden, helfen sie Ihnen, Ihre Persönlichkeit zu entfalten, eine Aufgabe zu finden, die ihren Fähigkeiten entspricht und sich und andere lieben zu lernen. Ihr Leben wird sich positiv verändern. Sie werden weiter kommen, als Sie es sich je erträumt haben, und glücklicher und erfolgreicher sein als je zuvor.

Eva Wlodarek, geboren 1947, studierte Germanistik, Philosophie und Psychologie. Als Diplom-Psychologin promovierte sie über das Thema »Glücklichsein«. Seit 1979 führt sie in Hamburg eine psychologische Praxis mit dem Schwerpunkt Beratung bei persönlichen und beruflichen Problemen. Gleichzeitig schreibt sie Artikel, hält Seminare und Vorträge. 1997 veröffentlichte sie im Krüger Verlag ihr äußerst erfolgreiches Buch ›Mich übersieht keiner mehr‹ (auch als Fischer Taschenbuch, Band 14458). Außerdem erschien im Fischer Taschenbuch Verlag ihr Ratgeber ›Den richtigen Mann finden. Sechs Schritte zur passenden Partnerschaft‹ (Band 14080) und ›Jetzt geh ich's an. Besseren Kontakt zu sich und anderen finden‹ (Band 15066). Ihr neuestes Buch ›Go! Mehr Selbstsicherheit gewinnen‹ erschien 2002 im Krüger Verlag.

Unsere Adresse im Internet: www.fischer-tb.de

Eva Wlodarek

Spielregeln des Lebens
für mehr Glück und Erfolg

Fischer Taschenbuch Verlag

Veröffentlicht im Fischer Taschenbuch Verlag,
ein Unternehmen der S. Fischer Verlag GmbH,
Frankfurt am Main, November 2002

Lizenzausgabe mit Genehmigung des
Krüger Verlages, Frankfurt am Main
© Wolfgang Krüger Verlag GmbH, Frankfurt am Main 2001
Druck und Bindung: Clausen & Bosse, Leck
Printed in Germany
ISBN 3-596-15696-3

Inhalt

Vorwort

Ich vermute, dass Sie den intensiven Wunsch haben, in Ihrem Leben weiterzukommen und dabei an Ihre Grenzen gestoßen sind. Oder dass Sie sich zur Zeit mit Problemen herumschlagen und Lösungen suchen. Ich nehme auch an, dass Sie bis zu diesem Moment Ihre Hände nicht untätig in den Schoß gelegt haben. Sie haben sich angestrengt. Sie haben sich bemüht. Sie haben Fachbücher gelesen oder Seminare besucht, in denen man Ihnen spezielle Techniken vermittelt hat. Aber offenbar fehlen Ihnen entscheidende Hinweise darauf, was wirklich hilft.

Genau dann sind Sie reif dafür, sich mit den Spielregeln des Lebens zu befassen. Florence Scovel Shinn, eine Vorläuferin des positiven Denkens in den USA, erklärte bereits vor über siebzig Jahren: »Die meisten Menschen denken, das Leben sei ein Kampf, doch es ist kein Kampf, sondern ein Spiel. Dieses Spiel kann jedoch nicht erfolgreich gespielt werden, wenn man die mentalen Gesetze nicht kennt.«[1]

Sie sollten also die Spielregeln des Lebens kennen. Aber woher? Schließlich hat sie Ihnen niemand offiziell beigebracht. Oder hatten Sie etwa in der Schule Fächer, die »Glücklichsein«, »Persönliche Entwicklung« oder »Weg zum Erfolg« hießen? Bestimmt waren Sie, wie wir alle, darauf angewiesen, sie in Eigeninitiative zu entdecken. Etwa indem Sie mit einem bestimmten Verhalten immer wieder auf die Nase fielen und dann endlich begriffen, was Sie ändern mussten. Oder indem Sie erfahrene Menschen suchten, um eine Antwort auf Ihre Fragen zu erhalten.

Auf diese Weise haben Sie vielleicht die eine oder andere Spielregel des Lebens für sich herausgefunden. Um Ihr Dasein jedoch rundum erfolgreich zu gestalten, sollten Sie unbedingt über alle die Bescheid wissen, die dazu nötig sind. Ich habe sie in diesem Buch beschrieben. Natürlich gibt es noch etliche mehr. Der menschliche Erfahrungsschatz ist so groß, dass Sie Ihr ganzes Leben damit verbringen könnten, ihn zu heben. Ich habe mich auf diese Auswahl beschränkt, weil ich der Ansicht bin, dass sie eine gute mentale Grundausstattung darstellt. Das konnte ich viele Jahre lang überprüfen, unter anderem durch meine Arbeit als Psychologin, durch die Analyse von Lebensläufen, philosophischen Texten und die weisen Schriften der Religionen. Sie dürfen sich darauf verlassen, dass die hier aufgeführten Spielregeln wirksam sind.

Wichtig ist allerdings, dass Sie diese Spielregeln nicht nur kennen, sondern auch konsequent anwenden. Es hat wenig Sinn, sie nur nach Lust und Laune zu benutzen, vielleicht weil es Ihnen manchmal zu anstrengend ist oder weil Sie gelegentlich zweifeln, ob das wirklich etwas bringt.

Sicher, Ihr Leben wird nicht gleich scheitern, bloß weil Sie die Spielregeln nicht befolgen. Nur: Auf diese Weise gelingt es Ihnen kaum, das Ergebnis bewusst zu kontrollieren. Sie wissen nie genau, warum etwas nun gut geklappt hat oder warum Sie »Pech« hatten. Und weil Sie Ihren Erfolg nicht auf sichere Grundlagen zurückführen können, lässt er sich nur schwer wiederholen. Er bleibt ein Zufallsprodukt. Streben Sie dagegen dauerhaft Glück und Erfolg an, müssen Sie die wichtigsten Spielregeln regelmäßig anwenden.

Natürlich will ich nicht behaupten, dass Sie Ihr Leben lediglich nach diesen Spielregeln führen müssen, um garantiert sichtbaren und messbaren Erfolg zu haben. Schließlich ist das Leben kein Cola-Automat, in den Sie nur die passende Münze einwerfen und prompt kommt Ihr Wunschprodukt heraus. Dazu ist das menschliche Dasein zu kompliziert. Durch Schicksalsschläge oder unerwartete Glücksfälle können Ihre persönlichen Bemühungen völlig außer Kraft gesetzt werden.

Doch selbst dann ist Ihr Einsatz nicht verloren. Für ein gelungenes Leben geht es nämlich nicht allein darum, konkrete Wünsche zu realisieren. Sie kennen sicher das Sprichwort aus dem Zen-Buddhismus »Der Weg ist das Ziel«. Indem Sie die Spielregeln des Lebens konsequent anwenden, erreicht Ihr Leben in jedem Fall eine besondere Qualität. Sie entwickeln Ihre Persönlichkeit. Sie finden eine Aufgabe, die nur Sie mit Ihrer einmaligen Kombination von Fähigkeiten erfüllen können. Sie lernen zu lieben. Sie lösen Ihre Probleme auf einer höheren Ebene.

Eine weise Frau sagte einmal zu mir: »Tun Sie, was Sie können, und dann lassen Sie innerlich los. Das Resultat gehört dem Himmel.« Sie haben nicht alles in der Hand, auch wenn Ihnen das manche modernen Gurus weismachen möchten. Doch wenn Sie diese sieben bewährten Spielregeln regelmäßig anwenden, vermehren Sie eindeutig Ihre Chance, das zu bekommen, was Sie sich wünschen. Sie können sicher sein, dass Sie damit von Ihrer Seite aus alles tun, was Ihnen möglich ist. Spielen Sie in diesem Sinn das Spiel des Lebens. Ich wünsche Ihnen viel Glück.

Einleitung:
Spielregeln in Ihrem Leben

Wissen Sie eigentlich, dass Sie bereits ein Profi darin sind, Spielregeln anzuwenden? Das gilt auch dann, wenn Sie diejenigen in diesem Buch noch nicht kennen. Garantiert nutzen Sie, was Ihren Alltag und Ihre Lebensführung betrifft, schon längst Spielregeln, genau wie viele andere Menschen, ohne dass Sie diese als solche bezeichnen.

Damit ist nicht nur gemeint, dass Sie immer richtig parken, die Steuergesetze beachten oder sich im Restaurant anständig benehmen. Spielregeln gibt es auf sämtlichen für Sie wichtigen Gebieten, sei es Arbeit, Gesundheit, Freundschaft, Partnerschaft oder Freizeit. Dabei handelt es sich um Strategien, die Ihnen in dem jeweiligen Bereich Erfolg versprechen.

Die ersten Spielregeln dieser Art haben Ihnen Ihre Eltern beigebracht. Von ihnen haben Sie etwa gelernt, wie man Kontakte knüpft, seine Freizeit gestaltet oder mit dem anderen Geschlecht umgeht. Die klarsten Regeln haben sie Ihnen wahrscheinlich im Leistungsbereich gegeben, denn der ist in unserer Gesellschaft besonders wichtig. Außerdem kennen sich Eltern darin meist durch den eigenen Beruf gut aus. Mein Vater zum Beispiel legte als Pastor strenge Maßstäbe an die Qualität seiner Predigten. Er brachte mir bei, an einem Text zu feilen. Ich erinnere mich noch gut daran, dass ich als kleines Mädchen freiwillig meine Hausaufgaben für den Deutschunterricht so oft neu schrieb, bis ich mit den Formulierungen zufrieden war.

Doch nicht alle Regeln, die Ihnen im Laufe der Erziehung vermittelt wurden, erweisen sich später als nützlich. Außerdem können selbst gute Spielregeln durch gesellschaftliche Veränderungen überflüssig werden. Galt etwa für vorige Generationen noch, dass allein Sicherheit zählt, lautet eine aktuelle Spielregel: »Sei flexibel, gehe Risiken ein.« So haben sich bestimmt einige Ihrer Spielregeln im Laufe der Zeit gewandelt, und Sie mussten neue entwickeln.

Es würde mich nicht wundern, wenn Sie dazu Bücher, Seminare oder Kassetten genutzt hätten. Schließlich war es nie leichter als heute, an Fachwissen zu kommen. Experten geben bereitwillig die besten Spielregeln auf ihrem Spezialgebiet preis, sei es für einen positiven Umgang in der Partnerschaft, Kindererziehung, Rhetorik oder der Kommunikation. Im Arbeitsbereich zeigen sie, wie man Netzwerke knüpft, Konflikte löst, mehr Geld verdient, sich richtig bewirbt oder verhandelt.

Spielregeln des Lebens sind übergreifende Regeln

Sehen Sie, dass Ihnen Spielregeln in den diversen Bereichen schon recht vertraut sind? Das gilt teilweise auch für die allgemeinen Spielregeln des Lebens. Die unterscheiden sich nämlich von den speziellen weniger durch ihren Inhalt als durch ihre Rangordnung.

Während meines Psychologiestudiums brachte uns ein Professor in seinem Kommunikationsseminar bei, wie wichtig es sei, in Konflikten mit anderen Menschen »auf den Feldherrnhügel zu steigen«. Er meinte damit, dass wir versuchen sollten, die Dinge von einer höheren Warte aus zu betrachten, anstatt im Offensichtlichen hängen zu bleiben. Wir sollten fragen, worum es wirklich geht. Dadurch könnten wir auf die Dauer befriedigendere Lösungen finden.

Die Spielregeln des Lebens stellen solch eine höhere Warte dar. Sie leiten dazu an, nicht nur auf einzelne Bereiche zu schauen, sondern das Leben insgesamt zu betrachten. Auch in diesem Sinne benutzen Sie längst Spielregeln für Ihr gesamtes Leben, nämlich Wahlsprüche und Grundsätze.

In den Wochenendbeilagen mancher Zeitungen gibt es regelmäßig Fragebögen, in denen Prominente unter anderem nach ihrem Wahlspruch gefragt werden. Als Antwort kommt dann etwa: »Sag niemals nie« oder »Hart in der Sache, sanft in der Form«. Bestimmt könnten Sie auch so einen Leitsatz oder sogar mehrere nennen. Vielleicht ein bekanntes Sprichwort wie: »Wer A sagt, muss auch B sagen«. Oder ein Fazit, das Sie aus Ihrer Erfahrung gezogen haben, etwa: »Ich verlass mich lieber auf mich selbst«. Möglicherweise handelt es sich auch um einen Satz, den Sie gehört oder gelesen haben und der Ihre Gedanken und Gefühle besonders gut ausdrückt.

Wahlsprüche sind eine Art Nescafé der Lebensspielregeln: Immer wenn wir einen anregenden Kick brauchen, sind sie ruck, zuck verfügbar. Einer meiner Lieblingssprüche lautet zum Beispiel: »Wenn nicht das, dann etwas Besseres!« Ich benutze ihn, sobald ich etwas nicht bekomme, um das ich mich bemüht habe, sei es, dass eine geplante Reise platzt, eine Freundschaft zu Ende geht oder ein Projekt scheitert. Auf diese Weise schaffe ich es, trotzdem nicht enttäuscht zu sein. Ein anderer Spruch aus meinem Motto-Sortiment lautet: »Je eher daran, desto eher davon«. Er hilft mir, ungeliebte Arbeiten sofort anzupacken oder mich einem heiklen Gespräch zu stellen. Wahrscheinlich nutzen Sie Ihr Motto genauso wie ich: Es stützt und ermutigt Sie oder hilft bei Entscheidungen.

Umfangreicher als Wahlsprüche sind Grundsätze. Sie sind etwas schwierig auf den Punkt zu bringen, und deshalb haben Sie sie wahrscheinlich nicht sofort parat. Stellen Sie sich in diesem Fall einfach folgende Frage: Angenommen, Sie möchten einem Kind, das Sie sehr lieben, gute Ratschläge auf seinen Lebensweg mitgeben. Was würden Sie ihm vermitteln?

Ihre Grundsätze enthalten Ihre Lebensphilosophie. Meist bilden sie eine Mischung aus Erziehung und Erfahrung. In vielen Fällen handelt es sich dabei um moralische Werte, zum Beispiel, dass man treu ist oder seinen Mitmenschen hilft. Grundsätze können aber auch knallhart sein. Wenn ein Mafiaboss seine Grundsätze preisgeben würde, klängen die gewiss nicht wie aus dem Kindergottesdienst. Wie auch immer Ihre Grundsätze lauten, sie helfen Ihnen auf lange Sicht, innerlich den Kurs in der für Sie passenden Richtung zu halten.

Ihre persönlichen Motti und Grundsätze sind Spielregeln des Lebens, die nur für Sie gelten. Jemand mit einem anderen Naturell oder anderen Erfahrungen könnte damit wahrscheinlich wenig anfangen. Darüber hinaus gibt es aber auch solche, die für alle anwendbar sind. Um diese Art von Spielregeln geht es hier. Mit ihnen lässt sich das Leben als Ganzes gestalten. Sie führen dazu, dass wir glücklich sind, lieben und geliebt werden, erfolgreich sind und unsere Persönlichkeit entwickeln. Sie sind weder einer Mode noch dem Zeitgeist unterworfen.

Damit erscheinen diese Spielregeln des Lebens als etwas Grundsätzliches. Einige von ihnen berühren sogar metaphysische Bereiche und durchaus philosophische oder theologische Themen. Wohl deshalb sprechen viele von »Gesetzen«, was ein bisschen nach einer Neuauflage der Zehn Gebote klingt. Doch um die allgemeinen Spielregeln des Lebens anzuwenden, ist es gar nicht nötig, sie ins Magische oder Mystische zu rücken. Es reicht aus, sie als einen wirkungsvollen Erfahrungsschatz zu betrachten, den viele Menschen über viele Generationen weitergegeben haben. Ich schätze die sachliche Einstellung, wie sie Omar Ali-Shah vertritt. Er steht in der Tradition der Sufis, einer orientalischen Lebensphilosophie, deren Ziel es ist, Menschen einen praktischen Weg zu höherer Bewusstheit zu vermitteln. In einem Vortrag in London sagte er: »Ich habe keine vagen, übernatürlichen Theorien anzubieten – diese können zwar sehr aufregend sein und Ihren Adrenalinspiegel wie ein Feuerwerk in die Höhe treiben, aber sie verpuffen ebenso schnell. Mein Thema sind praktische Aktivitäten, positive und nützliche Möglichkeiten. Wenn ich auf bestimmten Werten und Richtlinien bestehe, dann deshalb, weil es sich um Techniken handelt, die nach meiner Erfahrung erprobt, nützlich und richtig sind.«[2]

Sehen Sie die folgenden sieben Spielregeln des Lebens in diesem Sinne. Zu allererst bieten sie ein hervorragendes Handwerkszeug, um das Leben insgesamt zu gestalten. Ob sie darüber hinaus auf höhere Dimensionen weisen, müssen Sie für sich selbst entscheiden. Eines gilt aber in jedem Fall: Bei der umfangreichen Erfahrung, die Sie bereits mit Spielregeln besitzen, wird es Ihnen bestimmt gelingen, dieses besondere Handwerkszeug sinnvoll zu nutzen.

Erste Spielregel:
Zahlen Sie den Preis für Ihr Ziel

»Nennen Sie diese Spielregel lieber anders«, riet mir eine Journalistin, die ein feines Gespür für Sprache besitzt. »Wenn Sie von ›Preis zahlen‹ reden, dann klingt das so bedrohlich nach ›Na warte, dafür musst du büßen‹.« Sie schlug vor, stattdessen lieber von »Investition« zu sprechen oder davon, dass man ein »Risiko« eingehen muss. Mit ihrem Einwand hat sie durchaus Recht. Trotzdem glaube ich, dass wir um den Begriff »Preis« nicht herumkommen. Schließlich kostet es uns tatsächlich etwas, unsere Ziele zu erreichen.

Ich gehe davon aus, dass Sie Ihren Wunsch oder Ihr Ziel bereits festgelegt haben und wissen, was Sie wollen. Ein kleiner Check vorab, um zu überprüfen, wie präsent Ihnen Ihr wichtigstes Ziel ist: Schließen Sie die Augen, und stellen Sie sich vor, Sie haben es endlich erreicht. Sehen Sie ein deutliches Bild vor sich? Zum Beispiel: Sie in Ihrer neuen Wohnung, Sie gesund und kräftig, Sie in zärtlicher Umarmung mit einem liebevollen Partner, Sie ein paar Kilos leichter, Sie im Wohnmobil auf Weltreise, Sie mit einem deutlichen Plus auf dem Konto. Falls Ihre bildliche Vorstellungskraft nicht sonderlich ausgeprägt ist, formulieren Sie Ihren Wunsch in Gedanken zumindest präzise? »Ich mache einen Sprachkurs in England.« »Ich habe jeden Tag einen aufgeräumten

Schreibtisch.« »Ich setze meinen Kollegen Grenzen.« »Ich verdiene zwanzig Prozent mehr.«

Sie haben Ihr Ziel klar vor Augen? Gut. Denn bei dieser Spielregel geht es darum herauszufinden, was Sie einsetzen müssen, um es zu erreichen. Wenn Sie phantasievoll sind, können Sie sich das so vorstellen: Irgendwo im Universum gibt es ein großes kosmisches Versandhaus. Dort können Sie per Wunsch bestellen, was Sie möchten, materielle und ideelle Dinge, aber geliefert wird fast ausschließlich gegen Vorauskasse.

Wir kommen also nicht darum herum, zuerst einmal über Preise zu sprechen. Denn: Je genauer Sie die Kosten für Ihr Ziel kennen, desto klarer können Sie sich entscheiden, ob Sie lieber zahlen oder verzichten wollen.

Reden wir über Preise

Von manchen Zielen ist allgemein bekannt, wie viel sie kosten. Weil die Preise für jeden gelten, nennen wir sie einfach »Festpreise«. Wenn Sie z. B. den Führerschein haben möchten, müssen Sie Fahrstunden nehmen und eine Prüfung ablegen. Wenn Sie am Computer arbeiten wollen, müssen Sie einen Kurs machen. Wenn Sie vorhaben zu studieren, müssen Sie die Hochschulreife erlangen.

Darüber hinaus gibt es Preise, die nicht für alle gleich, sondern variabel sind. Sie hängen speziell von der Person und den damit verbundenen Umständen ab. Wir können sie als individuelle Preise bezeichnen. Meist lassen auch sie sich vorab einschätzen.

Zum Beispiel weiß ich inzwischen, was es mich kostet, ein Buch zu schreiben: Fast ein Jahr lang keine Freizeit. Tägliche Disziplin. Brennende Augen und Rückenschmerzen vom stundenlangen Sitzen vor dem Computer. Frust, wenn mir nichts einfällt. Schuldgefühle, dass meine Familie mit einem geistesabwesenden Mitglied leben muss. Insgesamt ein Gefühl, als ob ich den Mount Everest besteige. Das ist ungefähr der Preis, den ich zu zahlen habe. (Bitte kein Mitleid – ich zahle gern! Und über die Belohnung reden wir später.) Für einen Single-Buchautor, der für sein Werk Kreativurlaub auf Hawaii macht und seiner Privatsekretärin den Text ins Notebook diktiert, sieht der Preis etwas anders aus.

Meist vermischen sich für ein Ziel Festpreise und individueller Preis. Wenn Sie zum Beispiel das Abitur auf der Abendschule nachmachen wollen, dann kostet Sie das genau wie Ihre Mitschüler Schlaf, Freizeit und die Mühe, sich den Kopf mit Fakten voll zu stopfen. Möglicherweise zahlen Sie aber privat noch eine tägliche Busfahrt und den Verlust Ihres besten Freundes, der Ihren Ehrgeiz nicht nachvollziehen kann. Oder wenn Sie als Mutter wieder in den Beruf einsteigen möchten, dann werden Sie sich wie die meisten Frauen zwischen Job und Familie zerrissen fühlen und kaum Zeit für sich übrig haben. Individuell müssen Sie außerdem vielleicht noch nett zu Ihrer launischen Schwiegermutter sein, damit sie auf die Kinder aufpasst.

Erstellen Sie Ihre persönliche Preisliste

Wenn uns Festpreise und individuelle Preise bekannt sind, ist das von großem Vorteil: Wir können uns klar entscheiden, ob uns das Ziel den Preis wert ist.

Falls Sie überprüfen möchten, ob Sie den kompletten Preis für Ihr Ziel kennen, machen Sie das am besten schriftlich. Nehmen Sie ein Blatt Papier und teilen es in drei senkrechte Spalten ein. In die erste Spalte schreiben Sie Ihren Wunsch oder Ihr Ziel. In die zweite daneben tragen Sie alles ein, was zum Festpreis gehört. Und in der dritten notieren Sie Ihren individuellen Preis, sorgfältig nach Unterpunkten aufgeschlüsselt.

Hier ein simples Beispiel, wie das aussehen kann. Angenommen, Sie möchten demnächst wieder in Ihre Lieblingshose passen. In Spalte 1 notieren Sie Ihr konkretes Ziel: Fünf Kilo weniger wiegen. In Spalte 2 unter der Rubrik »Festpreis« steht, was Sie generell beachten müssen, wenn Sie abnehmen wollen: Nicht mehr als 30 Gramm Fett pro Tag. Kalorienarm und gesund essen. Täglich 45 Minuten Bewegung. In Spalte 3, in der es um Ihren individuellen Preis geht, führen Sie sämtliche persönlichen Einzelheiten auf: Täglich bei jedem Wetter zu Fuß ins Büro. Keine Schokolade mehr in der Schreibtischschublade bunkern. Nicht so lange mit dem Essen warten, bis Sie heißhungrig alles in sich hineinstopfen. Obst für den Hunger zwischendurch mitnehmen.

Sobald Sie solch eine Liste erstellen, merken Sie auch, ob Ihnen vielleicht noch Informationen fehlen. Die müssen Sie natürlich einholen. Ist Ihre Liste schließlich komplett, besitzen Sie damit eine gute Grundlage für Ihre Entscheidung.

Informieren Sie sich über versteckte Preise

Schwieriger wird es, wenn Sie auch bei scharfem Nachdenken nicht darauf kommen, was Sie zahlen müssen. Vage ahnen Sie, dass Sie vielleicht die falsche Preisliste haben oder zumindest nicht sämtliche Kosten kennen. Vor allem dann, wenn Sie sich schon eine ganze Weile mächtig angestrengt haben und der gewünschte Erfolg ausgeblieben ist. Möglicherweise gibt es einen verborgenen Preis, den Sie nur durch Selbsterkenntnis erfahren.

Dieter, 42, arbeitet als freier Journalist für Zeitschriften. Auf seinem Fachgebiet Medizin ist er sehr beschlagen und kann wissenschaftliche Sachverhalte verständlich und interessant vermitteln. Schon lange wünschte sich Dieter, auch für Rundfunk und Fernsehen Beiträge zu machen. Ein paar Mal hatte er Arbeitsproben an die entsprechenden Adressen geschickt, aber nur höfliche Absagen bekommen. Ihn wurmte es jedes Mal mächtig, wenn er hörte oder sah, wie Kollegen in den Medien auftauchten, die ihm fachlich nicht das Wasser reichen konnten. Was sollte er denn noch tun? Schließlich war er in seinem Job fleißig, sorgfältig und gut. Damit glaubte er, den notwendigen Preis bereits in voller Höhe gezahlt zu haben. Auf die Spur seines versteckten Preises brachte ihn erst eine Freundin. Als er sich wieder mal über die Ungerechtigkeit der Medienbranche beklagte, sagte sie genervt: »Dieter, glaubst du wirklich, bei dem riesigen Angebot an freien Journalisten melden die sich ausgerechnet bei dir? So was läuft doch meist über persönliche Beziehungen. Du kennst einfach zu wenig wichtige Leute! Kein Wunder, wo du immer nur hinter deinem Schreibtisch hockst.« Da klickte es bei Dieter. Bisher hatte er gedacht: Gute Arbeit spricht für sich selbst. Ihm war es nicht wichtig gewesen, Kontakte zu knüpfen. Doch nun arbeitete der Hinweis in ihm weiter. Er besorgte sich Bücher über die Kunst, Beziehungen aufzubauen und zu nutzen. Langsam kam Dieter aus seinem Schneckenhaus heraus. Das Ergebnis: Neulich war er im Rundfunk mit einem Beitrag über Tropenkrankheiten zu hören. Er hatte den zuständigen Redakteur auf einer Presseveranstaltung kennen gelernt, die er früher nie besucht hatte.

Wir sind oft blind für das, was uns noch fehlt. Deshalb sollten Sie nicht zu stolz sein, sich von anderen Rückmeldung zu holen. Fragen Sie Menschen, zu denen Sie Vertrauen haben und die möglichst auch auf dem entsprechenden Gebiet Kompetenz besitzen, was Sie falsch machen oder was Ihnen fehlt. Seien Sie nicht gekränkt, wenn Sie wenig Schmeichelhaftes hören, seien Sie dankbar für offene Hinweise. Falls Sie in Ihrer Umgebung niemanden fragen können, gibt es auch die Möglichkeit, sich professionelles Coaching zu holen. Viele Psychologinnen und Psychologen haben sich darauf spezialisiert.

Haben Sie niemanden, der Ihnen auf die Sprünge hilft, so schauen Sie sich die Menschen genau an, die auf dem Gebiet glücklich und erfolgreich sind, auf dem Sie es sich wünschen. Der Preis, den diese Menschen zahlen, ist mit großer Wahrscheinlichkeit auch Ihrer.

Um ohne fremde Hilfe versteckten Preisen auf die Spur zu kommen, können Sie auch die »Kopfstand-Methode« anwenden. Sie heißt so, weil Sie Ihre Überlegungen zunächst einmal verkehrt herum anstellen. Die Wirkung beruht darauf, dass es uns meist leichter fällt, im Negativen fündig zu werden als etwas positiv zu formulieren. Anstatt also zu grübeln: »Was muss ich tun, um mein Ziel zu erreichen?«, fragen Sie sich: »Was muss ich tun, um mein Ziel *nicht* zu erreichen.«

Nehmen Sie etwa den Wunsch, befördert zu werden. Ihre Liste, das *nicht* zu schaffen, könnte so aussehen: Schlampig arbeiten. Kollegen anmuffeln, Überstunden ablehnen. Zu spät kommen. Sich schlecht vorbereiten. Sich vor schwierigen Aufgaben drükken. Termine überziehen. Den Chef lächerlich machen. Andere die Lorbeeren ernten lassen. Sein Licht unter den Scheffel stellen. Erfolg nur auf Glück schieben. Bescheiden auftreten.

Im zweiten Schritt formulieren Sie diese Negativ-Liste positiv um. Auf diese Weise erhalten Sie die eine Preisliste, die gewiss auch die verborgenen Preise enthält.

Seien Sie ehrlich zu sich selbst

Neben dem Einholen aller fehlenden Informationen müssen Sie auch ehrlich gegenüber sich selbst sein, wenn Sie den wahren Preis Ihres Zieles erkennen wollen. Allzu leicht besteht die Gefahr, dass wir ausblenden, was wir zahlen müssen, weil es uns unangenehm ist. Besonders wenn der Preis an unserem Ego kratzt, belügen wir uns gerne selbst. Wir finden gute Gründe, um die notwendigen Kosten zu ignorieren, meist, indem wir die Verantwortung auf andere schieben. Das ist einfacher, als unsere Scham zu durchleben, Schwächen und Fehler einzugestehen, ungünstige Eigenschaften aufzugeben oder über unseren Schatten zu springen.

Sabina, eine 34-jährige Kauffrau, wünschte sich eine harmonische Beziehung zu ihrem Mann Bernd. Dafür hätte sie alles getan. Nur was? Es lag offensichtlich an Bernd, dass sich ihre Beziehung immer mehr zum Horrortripp entwickelte. Bis zur Geburt ihres ersten Kindes hatten sie sich gut verstanden. Doch seit die kleine Louise da war, gab es ständig Streit. Sabina war eher für lockere Erziehungsmethoden, Bernd zeigte sich streng und genau. Verbissen kämpfte Sabina darum, ihre Vorstellungen durchzusetzen. In ihren Augen war Bernd ein autoritärer Sturkopf, sie dagegen war locker und frei. Ihre Beziehung wurde immer kälter. Wäre das Kind nicht gewesen, sie hätten sich getrennt. So lebten sie drei harte Jahre lang nebeneinander her. Bis Sabina eines Tages ein Fortbildungsseminar besuchte, auf dem die »Win-Win«-Methode erklärt wurde, eine amerikanische Verhandlungstaktik. Sie basiert auf der Idee, dass beide Partner gewinnen, wenn sie aufeinander eingehen. Plötzlich erkannte Sabina, dass sie und Bernd auch in ihrer Ehe nur verlieren konnten, wenn sie gegeneinander kämpften. Ihr wurde klar, dass einer anfangen musste nachzugeben, wenn sie wieder glücklich werden wollten. Sabinas Preis hieß: »Höre damit auf, immer Recht behalten zu wollen.« Sabina war bereit, den Preis zu zahlen. Sie nahm sich zusammen und protestierte nicht mehr, sobald sich Bernd in ihren Augen pedantisch verhielt. Sie erkannte sein Bemühen an, das Beste für das Kind zu tun, auch wenn sie anderer Meinung war. Überrascht stellte sie fest, dass sie sogar manches von Bernds Sorgfalt lernen konnte. Nachdem Sabine den verborgenen Preis, ihr Rechthaben, bezahlt hatte, wurde auch Bernd offener. Er sprach mit ihr über seine Anstrengung, immer alles gut und richtig zu machen. Beide näherten sich einander wieder an. Sabina erreichte schließlich das Glück in der Partnerschaft, nach dem sie sich sehnte.

Sie kommen nicht umhin, sich die Frage zu stellen »Was vermeide ich?«, »Was will ich nicht sehen?«. Die Antwort ist der verborgene Preis, den Sie zu zahlen haben.

Entdecken Sie den Preis mit Phantasie

Wir alle haben in uns ein tiefes Wissen darüber, was gut für uns ist und wie wir es bekommen können. Nur ist diese Erkenntnis meist von unserem bewussten, angestrengten Wollen überlagert. Über Bilder gelingt es uns oft leichter als mit purem Nachdenken, sie zu entdecken. Versuchen Sie es deshalb einmal mit der folgenden Phantasiereise.

Zur Vorbereitung setzen oder legen Sie sich bequem hin. Atmen Sie ruhig ein und aus, entspannen Sie sich.

Stellen Sie sich vor, Sie spazieren auf einem sonnigen Waldweg. Die Vögel zwitschern, bunte Blumen blühen am Wegesrand. Sie gehen eine ganze Weile. Langsam wird der Weg schmaler. Plötzlich öffnet er sich zu einer hellen Lichtung, in deren Mitte ein Haus steht. Es macht einen freundlichen, einladenden Eindruck. Über der Eingangstür verkündet ein Schild »Zauberladen«. Neugierig treten Sie ein. Nachdem Sie sich an das Dämmerlicht gewöhnt haben, sehen Sie Regale bis unter die Decke. Was darin liegt, erkennen Sie nicht so genau. Da öffnet sich leise die Tür, und ein alter Mann mit weißem Haar und einem gütigen Gesicht tritt herein. »Haben Sie also doch noch den Weg zu mir gefunden«, sagt er lächelnd. Er erklärt Ihnen, dass er der Besitzer eines ganz besonderen Geschäftes ist. Bei ihm bekommt man alles, konkrete Dinge wie schnelle Autos und Eigenheime ebenso wie Karriere, Liebe, Ruhm oder Glück. Sie dürfen sich aussuchen, was immer Sie möchten. Allerdings müssen Sie den vollen Preis dafür bezahlen. Der alte Mann fordert Sie auf, ihm Ihren größten Wunsch zu nennen. Sie überlegen kurz und sprechen ihn dann aus: _____. Der alte Mann nickt zustimmend: »Das habe ich vorrätig.« Dann bittet er Sie, still in sich hineinzuhorchen. Indem Sie Ihrer inneren Stimme lauschen, erfahren Sie den Preis. Der alte Mann sagt: »Nun wissen Sie, was es Sie kostet, dieses Ziel zu erlangen. Sie können sich den Kauf gerne überlegen. Kommen Sie wieder, sobald Sie sich entschlossen haben.« Sie danken ihm und verabschieden sich. Langsam gehen Sie über die Lichtung, den schmalen Pfad entlang, dann den breiten, sonnigen Weg.

Nun befinden Sie sich wieder am Ausgangspunkt Ihrer Phantasiereise. Recken und strecken Sie sich genüsslich, um zurück in die Gegenwart zu kommen. Vielleicht hat Ihnen dieser Phantasieausflug mehr geholfen, den wahren Preis zu finden, als wenn Sie lange darüber nachgedacht hätten.

Warum wir ungern zahlen

Bis jetzt haben wir über die verschiedenen Arten von Preisen gesprochen – feste, individuelle und verborgene – und wie Sie sie erkennen können. Möglicherweise haben Sie dabei den Eindruck gewonnen, wir seien automatisch bereit, den Preis zu bezahlen, sobald wir ihn kennen. Doch das ist keineswegs der Fall. Viel üblicher ist, dass wir uns davor drücken.

Mal ganz ehrlich, wer von uns zahlt schon gerne? Es zählt gewiss zu den typisch menschlichen Eigenschaften, etwas erreichen zu wollen, ohne sich groß dafür anzustrengen. Das beweisen schon die vielen Lotto-Spieler, die mit ein paar Mark Einsatz Millionen gewinnen möchten. Obwohl wir uns mit dem Verstand sagen: »Klar, man muss investieren. Von nichts kommt nichts«, bleiben das meist Lippenbekenntnisse. Wir wünschen uns zwar das Ergebnis, aber möglichst ohne Anstrengung.

Ich kann Ihnen jedenfalls auf Anhieb einige Dinge nennen, die ich wirklich gerne beherrschen würde, für die ich aber bisher kaum einen Finger gerührt habe. Zum Beispiel Autofahren: Seit fünfundzwanzig Jahren besitze ich einen Führerschein, bin aber seit der Prüfung nie mehr gefahren. Vor Jahren habe ich halbherzig noch mal ein paar Fahrstunden genommen und fühlte mich fit genug für Hamburgs Straßen. Nachdem ich dann im Rückwärtsgang einem parkenden Mercedes den Kotflügel abrasiert hatte, habe ich es wieder aufgegeben. Wenn mich jemand per Knopfdruck zur versierten Autofahrerin machen würde, wäre ich wirklich dankbar. Aber den Preis zahlen? Mir den Stress im Straßenverkehr antun? Nein danke, dazu bin ich denn doch nicht bereit.

Ein Teil unserer Persönlichkeit möchte das Ziel wirklich gerne erreichen. Aber wir sind nun mal im wahrsten Sinne des Wortes vielseitig. Unsere anderen Persönlichkeitsteile fordern ebenfalls ihr Recht. Sie kämpfen für Ruhe, Freizeit, Entspannung, Genuss.

Damit erweisen sie sich als innere Saboteure für unser Ziel. Meist geben sie erst nach, wenn das Ziel für uns wirklich wichtig ist.

Bequemlichkeit steht auf der Hitliste der Gründe, aus denen heraus wir die Zahlung verweigern, ganz oben. Doch genauso häufig ist Angst die Ursache. Sei sie nun berechtigt oder nicht.

Da ist zuerst einmal die Angst vor unangenehmen Folgen. Weil wir nicht wissen, was auf uns zukommt, versuchen wir es gar nicht erst. Selbst dann nicht, wenn unser Wunsch recht stark ist.

Verena, 48, ist Redakteurin bei einer Frauenzeitschrift. Dass die Arbeit ihr Spaß gemacht hat, ist schon einige Zeit her. Inzwischen quält sie sich nur noch in die Redaktion. Ursache dafür ist ihr neuer Chef. Offenbar kann er sie nicht leiden. Wenn sie in der Konferenz einen Vorschlag macht, bügelt er ihn vor versammelter Mannschaft ab. Sobald sie es wagt, sich zu wehren, kontert er mit Unverschämtheiten wie: »Frauen in den Wechseljahren sind eben zickig.« Verena weiß, dass sie kündigen müsste, um sich ihre Selbstachtung und ihre Gesundheit zu erhalten. Doch sie hat Angst davor. »Wer nimmt mich denn noch in meinem Alter?« Statt den Preis zu zahlen, sich intensiv anderweitig zu bewerben oder das Risiko freier Arbeit einzugehen, hält sie lieber aus.

Ebenso hindert uns die Angst zu versagen. Stellen Sie sich vor, Sie melden sich für einen Vortrag – und dann stehen Sie vor dem Publikum und in Ihrem Kopf ist nur noch Watte. Oder Sie gehen ins Ausland und kommen nach ein paar Wochen reumütig zurück. Wie peinlich! Schon der Gedanke daran schreckt ab.

So paradox es klingt, es gibt auch die Angst, tatsächlich erfolgreich zu sein. Wenn Sie mehr Geld verdienen als Ihre Freunde, dann gehören Sie vielleicht bald nicht mehr zu der netten Clique.

Wenn Sie als Einzige in der Familie studieren, dann entfremden Sie sich möglicherweise Ihren Eltern und Geschwistern und haben bald kein Zuhause mehr. Bekannt ist ja auch, dass eine Karriere Menschen oft einsam an die Spitze katapultiert. Der Preis, isoliert zu sein oder übermäßig viel Verantwortung zu tragen, erscheint denn doch zu hoch.

Also warten Sie wohl am besten so lange, bis Sie sich sicherer fühlen und die Angst kleiner geworden ist? Irrtum! Angst verschwindet nicht durch Aussitzen, nicht einmal, indem Sie regelmäßig an Selbstbehauptungstrainings teilnehmen oder gute Ratgeberbücher lesen. Angst vergeht nur durch Handeln. Die New Yorker Psychologin Susan Jeffers hat das treffend auf den Punkt gebracht. Sie sagt: »Have the fear and do it anyway« – »Hab die Angst und tu's trotzdem!«

Das bedeutet, dass Sie das volle Risiko eingehen müssen. Niemand gibt Ihnen die Garantie dafür, dass schon alles gut werden wird. Vielleicht stehen Sie wirklich am Ende ohne Job da, haben auf dem Podium ein Blackout oder sterben außerhalb des Landes vor Heimweh. Es steht immer fifty-fifty. Ob die Katastrophe eintrifft oder ob Sie tatsächlich Ihr Ziel erreichen, erfahren Sie erst, wenn Sie den Preis bezahlt haben. Sie müssen sehenden Auges durch Ihre Angst hindurch gehen und genau das tun, wovor Sie sich fürchten. Erst dann zeigt sich, ob sie berechtigt war – übrigens ist das erfahrungsgemäß meist nicht der Fall. Oder aber Sie schaffen es tatsächlich nicht, aber erkennen daran, was Sie ändern und dazulernen müssen. Letztlich ist auch das ein Erfolg. Jede Niederlage, die Sie sorgfältig auswerten und aus der Sie Konsequenzen ziehen, bringt Sie weiter.

Hilfreich ist es, sich gegen die Angst vor dem Versagen oder vor bösen Folgen mental zu impfen. Amerikanische Selbstbehauptungstrainer empfehlen, sich »the worst case«, den schlimmstmöglichen Fall, vorzustellen. Was wäre das Furchtbarste, das Ihnen passieren kann? Malen Sie sich die Konsequenzen so dramatisch wie möglich aus. Und dann fragen Sie sich: Geht davon wirklich die Welt unter? Ist damit mein Ruf ruiniert, meine Gesundheit angegriffen? Wird mir gekündigt? Verhungere ich oder habe kein Dach mehr überm Kopf? Wenden sich alle von mir ab? Fast immer ist unsere Phantasie blühender als die Realität.

Voraussetzung ist in jedem Fall, dass Sie Ihre Angst auch als Angst benennen und sie nicht hinter anderen Interpretationen verstecken.

Angenommen, Sie hätten gerne einen größeren Freundeskreis. Wie es der Zufall will, finden Sie in Ihrem Briefkasten eine Einladung zur Geburtstagsparty eines alten Schulfreundes. Sie beschließen hinzugehen. Als es so weit ist, haben Sie plötzlich keine Lust mehr. Draußen regnet es. Der Weg ist auch ziemlich weit. Und überhaupt, außer Ihrem Freund kennen Sie da keinen Menschen. Bestimmt wird die Party todlangweilig. Da legen Sie sich doch lieber mit einem guten Krimi ins Bett. Sie sind felsenfest davon überzeugt, keine Lust zu haben. Doch in Wirklichkeit fürchten Sie sich davor, nicht interessant genug zu sein oder einsam mit einem Weinglas in der Hand herumzustehen. Solche peinlichen Gefühle vermeiden Sie lieber, indem Sie unter der Flagge »keine Lust« zu Hause bleiben.

Es gibt einen recht einfachen Indikator herauszufinden, ob Angst Sie von Ihrem Ziel abhält. Fragen Sie sich: »Würde ich eine

bestimmte Sache tun, wenn ich ganz sicher Erfolg damit hätte?«
Lautet die Antwort Ja, dann heißt Ihr Preis: Trotz der Angst handeln. Dass Sie sich gleichzeitig gut vorbereiten, um das Risiko zu
scheitern möglichst klein zu halten, versteht sich von selbst.

In manchen Fällen zahlen wir nicht, weil der Preis wirklich extrem hoch ist. Zumindest überlegen wir dann sehr lange, ob wir
ihn aufbringen sollen. Es ist, als ob man das Herzblut von uns verlangt. Zum Beispiel, wenn Eltern sich von ihrem drogenabhängi-
gen Kind distanzieren müssen, weil es sonst nie von seiner Sucht
loskommt. Oder wenn sich eine Frau von ihrem gewalttätigen
Partner trennt, obwohl sie ihn liebt, weil er sonst ihr Leben zerstö-
ren würde.

Lisa, eine 29-jährige Sekretärin, weiß, was es heißt, solch einen
extrem hohen Preis zu bezahlen. Als sie den Juniorchef einer flo-
rierenden Sportbekleidungsfirma heiratete – übrigens keineswegs
aus Berechnung, sondern aus Liebe –, hatte sie scheinbar das große Los gezogen. Schon bald nach der Hochzeit kündigten sich
Zwillinge an und Lisa gab ihren Beruf auf. Neben ihren Pflichten
als Hausfrau und Mutter war sie nun hauptsächlich damit beschäftigt, eine gute Gastgeberin für die Kunden und den Freundeskreis ihres Mannes zu sein. Anfangs war sie dabei noch etwas
ungeschickt. So mokierte sich einmal ein Gast darüber, dass sie
den Kaviar nicht stilvoll auf Eis serviert hatte. Doch Lisa lernte
dazu. Vier Jahre später war sie eine perfekte Gastgeberin – und
todunglücklich. Das feine Leben hing ihr zum Hals heraus. Es erschien ihr hohl und öde. Ihr Mann wurde ihr immer fremder.
Doch jeder Versuch, mit ihm über ihre Gefühle zu sprechen, war
vergeblich. Er fand sie undankbar und überspannt. Als Lisa

schließlich von Scheidung sprach, nannte er kühl seine Bedingungen. Sie müsse auf Unterhalt und das Sorgerecht für die Zwillinge verzichten. Lisa wusste: Wenn sie weiter im goldenen Käfig bliebe, würde sie depressiv. Aber die Kinder verlassen? Der Preis war furchtbar hoch. Nach vielen schlaflosen Nächten entschloss sie sich, ihn zu zahlen. Sie trennte sich von ihrem Mann, ließ ihre Kinder zurück und begann ein neues Leben in einer anderen Stadt. Allein, in einer fast leeren Wohnung und mit einem schlecht bezahlten Job und, schrecklicher Sehnsucht nach ihren Kindern. Trotzdem war sie sicher, dass sie sich richtig entschieden hatte. Sie fühlte sich endlich wieder lebendig.

Extrem hohe Preise zahlen wir nicht mal eben leicht. Wir wissen, dass wir uns damit auf dem schmalen Grat zwischen Erleichterung einerseits und Schuldgefühl oder Reue andererseits bewegen. Hilfreich ist es, mit Menschen zu sprechen, die den Schritt bereits gewagt haben. Ihre Erfahrung kann Ihnen helfen, Mut und Kraft zu einer Entscheidung zu finden, die Ihnen niemand abnehmen kann.

Manche Preise zahlen wir deshalb nicht, weil sie nicht zu uns passen. Um unser ersehntes Ziel zu erreichen, müssten wir uns verbiegen – und das lehnen wir ab. Häufig liegt die Crux in unserem Naturell. Was von uns gefordert wird, entspricht nicht unserer Veranlagung, unserem Temperament oder Charakter.

Gerald, ein 39-jähriger Gesprächstherapeut, wollte gerne mehr verdienen und hatte auch wenig Lust, weiter als Psychotherapeut zu arbeiten. Kürzlich wurde er gefragt, ob er in eine florierende Unternehmensberatung einsteigen möchte. In dieser Position hätten sich Geralds Wünsche nach mehr Geld und einer anderen psychologischen Tätigkeit auf einen Schlag erfüllt. So eine Chance kommt nicht oft. Trotzdem lehnte er ab mit der Begründung: »Die Wirtschaft ist nicht das Milieu, in dem ich mich wohl fühle. Mir liegt es einfach nicht, mit Managern zu arbeiten. Ich bin dazu zu sensibel.«

Nicht nur unser Naturell, auch unsere Einstellung spielt eine Rolle. Dann nämlich, wenn der Preis unseren moralischen Grundsätzen widerspricht.

Manchmal merke ich selbst, wie verführerisch es sein kann, um eines Zieles willen auch mal fünfe gerade sein zu lassen. Gelegentlich kommt es vor, dass eine Filmproduktionsgesellschaft bei mir anruft. Eine freundliche Stimme flötet: »Guten Tag, hier ist die Filmproduktion ›Colonia‹. Wir produzieren die Talkshow ›Tina am Sonntag‹ und hätten Sie gerne als Expertin zum Thema ›Singles auf der Piste.‹ Sie haben doch ein Buch dazu geschrieben.« Nach einem Blick ins TV-Programmheft ist mir klar, dass es sich um eine dieser Talkshows handelt, in die man Fachleute nur als pseudowissenschaftliches Alibi einlädt. Andererseits würde durch meine Teilnahme mein Buch »Den richtigen Mann finden« bekannter – ein Ziel, das sich jede Autorin wünscht.

Zum Glück hat es bis jetzt nie länger als eine Viertelstunde gedauert, bis ich mich entschieden hatte. In diesem Rahmen aufzutreten passt einfach nicht zu meiner Einstellung, wie man mit Menschen umgeht und wie man Probleme löst. Das mag vielleicht für meinen Bekanntheitsgrad gesehen dumm sein, doch diesen Preis zahle ich nicht. Da warte ich lieber, bis Alfred Biolek anruft.

In eine ähnliche Zwickmühle geraten Sie, wenn Sie mit den

Wölfen heulen müssen, um befördert zu werden. Oder wenn es Ihnen notwendig erscheint, Menschen zu hofieren, die Ihnen unsympathisch sind, um sie als Kunden zu gewinnen.

Offenbar kann man manchmal nicht beides haben: Das Ziel erreichen und seine Selbstachtung behalten. Das lehrte bereits der antike Philosoph Epiktet. In seinem »Handbüchlein der Moral« sagt er: »Bedenke, wenn du nicht dasselbe tust wie die anderen, kannst du auch nicht auf dasselbe Anspruch erheben. Denn wie kann einer, der nicht ständig vor den Türen eines Großen aufkreuzt, dasselbe erreichen wie einer, der das tut? Du wirst ungerecht und unersättlich sein, wenn du den üblichen Kaufpreis nicht entrichten und diese Ehren unentgeltlich erhalten willst. Du bist nicht zum Festmahl eingeladen worden? Natürlich nicht; denn du hast dem Gastgeber den Preis nicht bezahlt, um den er sein Mahl verkauft. Um ein Kompliment verkauft er es oder eifrige Gefolgschaft. Bezahle also den Preis, um den er es verkauft, wenn dir das einen Vorteil bringt. Willst du aber nichts bezahlen und doch zu jeden Ehren kommen, dann bist du unersättlich und ein Narr.«

Gleichzeitig tröstet er: »Hast du nun nichts anstelle des Mahles? Du hast jetzt die Gewissheit, dass du den nicht gelobt hast, den du nicht loben wolltest, und dass du dir von seinen Türwächtern nichts hast gefallen lassen müssen.«[3]

Noch tröstlicher finde ich allerdings eine andere Erfahrung: Dass wir unser Ziel nicht um *diesen* Preis gewinnen, heißt noch lange nicht, dass wir es nicht auf andere Weise bekommen können. Die entscheidende Frage dazu lautet: »Wie kann ich mein Ziel erreichen, *ohne* dass ich gegen meine Natur oder meine

Grundsätze verstoße?« Zum Glück gibt es fast immer mehr als nur einen einzigen Weg und einen einzigen Preis. Finden Sie den heraus, der zu Ihnen passt.

Sind Sie bereit zu zahlen?

Wie wichtig Ihnen Ihr Ziel tatsächlich ist, erkennen Sie daran, ob Sie Vorleistungen dafür erbringen. Ein Seminartrainer aus dem esoterischen Bereich erklärte mir das einmal auf seine Weise: »Das Universum will erst sehen, ob es dir mit deinem Wunsch ernst ist, bevor es ihn erfüllt.«

Stellen wir uns also diesmal statt des kosmischen Versandhauses ein kosmisches Personalbüro vor. Wenn Sie dort oben säßen, wen würden Sie lieber einstellen? Jemanden, der mal eben vorbeischaut und als Erstes fragt: »Was springt denn bei dem Job für mich heraus?« Oder einen, der sagt: »Ich bin bereit, auch eine Weile ohne Honorar zu arbeiten. Dann sehen Sie, wie gut ich geeignet bin.« Bestimmt entscheiden Sie sich für den zweiten Kandidaten. Das ist offenbar auch das himmlische Prinzip.

Von erfolgreichen Leuten hören und lesen wir immer wieder, wie sie sich ihre Ziele erkämpften. Im Nachhinein erscheint ihre Hartnäckigkeit schon beeindruckend. Ein Beispiel dafür ist Jil Sander. Mit ihrer ersten Kollektion ging sie pleite, weil ihre in Indien gefertigten Textilien völlig verschnitten waren. Daraufhin verkaufte sie ihren VW-Käfer, um sich die Miete für ihre Boutique leisten zu können. Nach Ladenschluss nähte sie im Keller Label in ihre Pullover. Trotz mancher Rückschläge gab sie nicht auf und war lange die einzige deutsche Modeschöpferin, die weltweit anerkannt wurde.

Bekannt sind auch viele Geschichten von Künstlern, die sich jahrelang mit miesen Jobs durchschlugen, bevor endlich der Durchbruch kam. Oder die von Fachleuten, die auf ihrem Gebiet entschieden abgelehnt wurden und doch nicht aufgaben.

Hildegard Behrens hatte den leidenschaftlichen Wunsch, Sängerin zu werden. Sie schaffte es sogar, bei einem renommierten Lehrer vorsingen zu dürfen. Der aber war keineswegs begeistert und riet der jungen Frau, von ihrem Berufswunsch unbedingt Abstand zu nehmen. Ihre Stimme reiche einfach nicht aus, um Sängerin zu werden. Hildegard Behrens war tief getroffen, denn auf sein professionelles Urteil konnte sie sich verlassen. Doch anstatt jetzt »vernünftig« zu sein und auf Musiklehrerin umzusatteln oder sonst etwas Nützliches anzustreben, gab sie nicht auf. Sie zog sich aufs Land zurück, wo Nachbarn sie nicht hören konnten. Dort übte sie, sang stundenlang laut und mit voller Kraft. Als sie nach Monaten aus ihrer selbst gewählten Klausur wieder auftauchte, hatte ihre Stimme das nötige Volumen. Sie wurde eine gefeierte Wagner-Interpretin.

Zur Hartnäckigkeit zählt auch, dass wir nicht resignieren, nur weil uns der direkte, gradlinige Weg versperrt ist. Wenn es Ihr heißer Wunsch ist, Malerin zu werden, und Sie über dreißig sind, dann nimmt Sie keine Hochschule für bildende Künste mehr auf. Falls Sie sich als Nobody im Alter von neunundvierzig Jahren in einem Konzern bewerben wollen, dann kommen Sie sicher nicht einmal in die engere Auswahl. Und wenn Sie wegen Blackout und

Lampenfieber dreimal durchs Physikum fallen, ist Ihre Karriere als Arzt zu Ende. In dem Fall müssen Sie sich Nebenwege suchen, um zu erreichen, was Sie wollen. Es gibt sie immer, etwa durch zweite oder dritte Bildungswege, privaten Unterricht, oder indem Sie sich selbständig machen und so Ihr Ziel verwirklichen.

Wenn Sie etwas wirklich wollen, finden Sie auch den (Um-) Weg dorthin. Ein amerikanisches Sprichwort sagt: »If you can dream it, you can make it.« Was Sie sich ausdenken können, können Sie auch erreichen, egal wie alt, vorgebildet oder talentiert Sie sind. Dafür gibt es jede Menge Beispiele: Etwa Grandma Moses, die ohne jede Ausbildung mit ihrer Malerei unglaublich erfolgreich wurde. Oder Frank McCourt, der mit sechzig sein erstes Buch schrieb. »Die Asche meiner Mutter« wurde auf Anhieb ein Mega-Bestseller.

Lassen Sie sich niemals abhalten, einer brennenden Leidenschaft zu folgen. Finden Sie Ihren speziellen Weg mit dem dazugehörigen speziellen Preis. Es gibt nur einen Grund aufzugeben: Wenn sich herausstellt, dass es nicht wirklich Ihr Weg ist.

Erfolg ist nicht immer käuflich

Sie geben alles, zahlen den vollen Preis, und das nicht nur einmal, sondern andauernd. Trotzdem erhalten Sie nicht, was Sie sich wünschen. Es ist, als sei plötzlich das Gesetz der kosmischen Preisgestaltung außer Kraft gesetzt. Wieso ernten Sie nicht, was Sie säen?

So ging es Peter, einem 52-jährigen Unternehmer. Als leitender Manager einer Pharmafirma hatte er Geld zurückgelegt und besaß gute Kenntnisse über den Aufbau einer Firma und das Gesundheitswesen. Als er an seinem fünfzigsten Geburtstag sein Leben Revue passieren ließ, fand er, dass das doch nicht alles gewesen sein konnte. Er wollte mehr Sinn in sein Leben bringen und dabei auch etwas für andere tun. Er beschloss, sich selbständig zu machen. Gesundheit, Vorbeugen, Heilen – das waren für ihn schon immer wichtige und interessante Themen gewesen. Zusammen mit Fachleuten entwickelte er ein ganzheitliches Gesundheitskonzept. Über geschulte Beraterinnen wollte er es in verschiedenen Städten der Bundesrepublik vermitteln. Seine Marktstudien ergaben, dass der Bedarf groß war und die Idee akzeptiert wurde. Peter engagierte sich total für sein Projekt. Über zwei Jahre steckte er seine Zeit, seine Energie und sein ganzes Geld hinein. Trotzdem kam er nicht weiter. Immer wieder erlebte er böse Überraschungen, die sein Projekt sabotierten, etwa dass aufwendig geschulte Beraterinnen plötzlich ohne Angaben von Gründen zurücktraten. An Peters Know-how und Einsatz konnte es einfach nicht liegen.

Peter nahm Urlaub und zog sich in ein kleines Hotel auf Mallorca zurück, um einmal in Ruhe über alles nachzudenken. Im gleichen Hotel hatte sich ein Heilpraktiker einquartiert. Die beiden kamen ins Gespräch. Peter wurde klar, dass zwar die Beschäftigung mit Gesundheit sein Weg war, aber nicht in Form einer kommerziellen Firma. Er entschloss sich, Heilpraktiker zu werden. Nachdem er das erkannt hatte, schrieb er an einen Freund: »Seither spüre ich eine große Erleichterung und Kraft in mir. Ich weiß jetzt, dass ich diese Fähigkeit entwickeln und anwenden muss. Das ist der Grund, warum ich immer nur Teilerfolge haben durfte. Jetzt geht es mir so viel besser. Um keinen Preis möchte ich einen Schritt zurück tun.«

Wenn sich Türen schließen, obwohl Sie den vollen und richtigen Preis über längere Zeit zahlen, dann sollten Sie sich nicht an Ihr Ziel klammern. Fast immer zeigt sich im Nachhinein, dass diese Blockade einen tiefen Sinn hat. Sie zwingt Sie, den richtigen Weg einzuschlagen. Es ist also kein Widerspuch zu dieser Spielregel, wenn Sie in manchen Fällen nicht bekommen, was Sie wollen, obwohl Sie vorab zahlen. Nehmen Sie es als Fingerzeig, dass nicht der Preis, sondern Ihr Ziel falsch ist. Achten Sie gleichzeitig darauf, welche Tür stattdessen für Sie aufgeht, und schauen Sie, was es kostet, wenn Sie dort hindurchgehen.

Jeder zahlt seinen Preis

Manchmal sieht es so aus, als bekämen andere geschenkt, was wir uns mühsam erkämpfen müssen. Während Sie Ihre Eigentumswohnung abstottern, lesen Sie in »Architektur und Wohnen«, wie junge Erben mit leichter Hand und mehreren Millionen ihre Villa aus der Gründerzeit restaurieren lassen. Sie versuchen, auf der Party mit Witz und Charme einen attraktiven Gast zu fesseln. Da kommt eine Schönheit vorbeigestöckelt, lächelt kurz in die Richtung Ihres Gegenübers – und schon sind Sie abgemeldet. Ihren Job machen Sie wirklich gut und engagiert. Sie rechnen damit, demnächst die Teamleitung zu übernehmen. Und dann wird Ihnen ein junger Spunt frisch von der Uni vor die Nase gesetzt, dessen hauptsächliche Qualifikation darin besteht, dass sein Vater und Ihr Chef Duzfreunde sind.

Ist die Welt nun gerecht oder nicht? Ich versichere Ihnen: Jeder Mensch zahlt seinen Preis. Nur sieht der nicht für alle gleich aus. Weil wir gewöhnlich nicht hinter die Kulissen schauen können, stellen wir das nicht fest. Ein indianisches Sprichwort sagt: »Verurteile niemanden, bevor du nicht ein paar Meilen in seinen Mokassins gegangen bist.« Ich möchte es so abwandeln: »*Beneide* niemand, den bevor du nicht ein paar Meilen in seinen Schuhen gegangen bist.« Durch meinen Beruf habe ich häufig die Möglichkeit, die wahre Geschichte von privilegiert scheinenden Menschen zu erfahren. Sie dürfen mir glauben, dass manche von ihnen einen hohen Preis zahlen. Nur heißt er nicht unbedingt »Geld« oder »Anstrengung«, sondern »Einsamkeit«, »Alkoholismus« oder »Selbstzweifel«. Im Vergleich dazu erscheint es mir manchmal leichter, einen zeitlich begrenzten Preis wie einen Zehnstundentag oder ein anstrengendes Studium zu zahlen.

Die Woolworth-Erbin Barbara Hutton, eine der reichsten Frauen der Welt, konnte sich alles leisten, was sie sich wünschte. In ihrer Biographie »Armes kleines reiches Mädchen« beschreibt C. David Heymann, wie Barbara Menschen und Gegenstände maßlos konsumierte, ohne Freude daran zu haben. Eine Gesellschaftsreporterin, die ein ausführliches Interview mit ihr führte, bemerkte: »Ich wusste sehr gut, dass sie nie auch nur eine der Sorgen hatte, die unsereins plagen, Rechnungen, Miete, und so weiter, und ich wusste auch, dass sie mit Tragödien, Sehnsüchten und

Ängsten zu kämpfen gehabt hatte, von denen unsereins sich keinerlei Vorstellung machen kann.«[4]

Vielleicht klingt das in Ihren Ohren arg nach dem Fuchs, dem die Trauben zu hoch hängen, und der deshalb sagt, sie seien zu sauer. Sie argumentieren dagegen, dass es manchen reichen, schönen, berühmten Menschen wirklich blendend geht und sie ihr Leben genießen. Von Depression keine Spur. Wo bleibt der Preis? Selbstverständlich können diejenigen auf der Sonnenseite des Lebens glücklich sein. Im Prinzip haben sie sogar besonders gute Chancen dazu. Schließlich ist es besser, reich zu sein als arm. Es ist auch sicher angenehmer, schön und berühmt zu sein als hässlich und unbekannt. Doch Glückskinder lassen sich nur unter denjenigen finden, die ihren Preis vorab gezahlt haben, mit ihrem Einsatz, ihren Ideen, ihrer Kreativität. Sie genießen die wohlverdienten Früchte ihrer Arbeit. Allen anderen wird die Rechnung noch präsentiert.

Eigentlich geht es bei dieser ersten Spielregel um den Preis, den wir vorab für unser Ziel zahlen müssen. Doch sollten wir auch einen Blick auf mögliche Nachzahlungen werfen, damit Sie nicht glauben, andere oder auch Sie selbst kämen gratis davon. Ich mache gerne privat Langzeitstudien darüber, was Menschen passieren kann, die glauben, nicht zahlen zu müssen. Hier sind zwei Beispiele aus meinen Beobachtungen:

Nina war stellvertretende Chefredakteurin einer Zeitschrift. Den Job hatte sie weniger durch Können als durch Protektion bekommen. Ihre heimlichen Minderwertigkeitsgefühle kompensierte sie, indem sie ihre Mitarbeiterinnen maßregelte und wegen unbedeutender Fehler auf demütigende Weise abkanzelte. Sie konnte es sich leisten, denn die Chefredaktion stand hinter ihr. Fünf Jahre lang ging es ihr hervorragend. Die Hauptarbeit machten die anderen, sie kassierte ein gutes Gehalt und pickte sich die Rosinen aus dem journalistischen Kuchen. Doch dann wechselte ihre Schutzmacht zu einem anderen Blatt. Die neue Chefredakteurin wollte Leistung sehen. Ruck, zuck war Nina entlassen. Neuer Job nicht in Sicht.

Ilka verliebte sich in Alexander, einen verheirateten Mann. Er war älter als sie und sehr erfolgreich. Ilka verführte ihn nach allen Regeln der Kunst. Dass seine Frau litt, interessierte sie nicht besonders. Die Alte – sie war zwölf Jahre älter als Ilka – war schließlich selbst schuld, wenn sie ihren Mann nicht halten konnte. Ilka schaffte es und heiratete Alexander. Acht Jahre dauerte ihr Glück. Dann ließ sich Alexander scheiden. Er hatte sich in seine Assistentin verliebt. Ilka machte aus Liebeskummer einen Selbstmordversuch.

»Gottes Mühlen mahlen langsam, aber besonders fein«, sagt ein Sprichwort. Ich bin fest davon überzeugt, dass wir immer ernten, was wir säen. Selbst wenn es nach außen den Eindruck macht, als ob manche Menschen ohne Zahlung davonkommen. Es gibt auch eine innere Währung. Sie heißt möglicherweise Schuldgefühle, Depression, psychosomatische Krankheit. Nicht umsonst sagt ein lateinisches Sprichwort: »Quidquid agis, prudenter agis et respice finem« – »Was immer du tust, tu es besonnen und bedenke das Ende«.

Wenn Sie einem Menschen begegnen, den Sie beneiden, schauen Sie erst einmal genau hin. Dann fragen Sie sich: »Möchte ich mit ihm tauschen?« Und zwar nicht nur mit den angenehmen

Seiten seines Lebens, sondern mit allem, was zu ihm gehört. Ich kenne keinen, mit dem ich unter dieser Bedingung tauschen möchte.

Warum es besser ist, im Voraus zu zahlen

Meine Großmutter zitierte gerne den Spruch: »Was nichts kostet, ist nichts.« Er besagt, dass wir nur die Dinge wirklich schätzen, für die wir etwas opfern müssen. Je höher der Preis, desto kostbarer wird Ihr Ziel für Sie. Es macht einen Unterschied, ob Sie monatelang auf eine Hi-Fi-Stereoanlage sparen oder ob Ihnen Ihre Erbtante sie einfach ins Haus bringen lässt. Ich bin sicher, sogar die Musik klingt anders. Unser subjektives Empfinden spielt nämlich für Glück, Freude und Genuss immer eine große Rolle. Durch den Preis werden sie gesteigert. Denken Sie nur daran, wie köstlich ein Glas Wasser nach einer anstrengenden Wanderung schmeckt …

Ein weiterer Grund liegt in unserer Motivation. Sie ist einfach höher, wenn alles schön der Reihe nach geht, nach dem bewährten Motto: Erst die Arbeit, dann das Spiel. Stellen Sie sich vor, Sie fliegen mit einem Hubschrauber auf einen Berggipfel. Von oben genießen Sie den wunderbaren Ausblick. Dann fliegt man Sie wieder herunter und bietet Ihnen an, nun den Aufstieg zu Fuß zu machen. Dazu würde Ihnen gewiss die Lust fehlen. Warum sollten Sie sich im Nachhinein für etwas anstrengen, was Sie bereits genossen haben? Von daher erscheint die Reihenfolge Preis gegen Leistung recht sinnvoll.

Jeder Preis enthält ein Geschenk

Wahrscheinlich brummt Ihnen jetzt der Kopf, als hätten Sie an einem dreitägigen Seminar für Anlageberatung teilgenommen. Entspannen Sie sich, denn nun kommt der Höhepunkt. Ich verrate Ihnen das Geheimnis des Preises für Ihr Ziel:

In jedem Preis ist eine Belohnung enthalten, die größer ist als er selbst. Noch während Sie zu Ihrem Ziel unterwegs sind, verändern Sie sich und Ihre Welt. Genau darin liegt der Sinn dafür, dass Sie zahlen. Mühen, Disziplin und Opfer sind zwar hohe Kosten, doch sie sind nur vordergründig. Tatsächlich geht es um Ihre persönliche Entwicklung, die bereits in dem Moment einsetzt, in dem Sie den Preis akzeptieren.

Erinnern Sie sich noch, was ich Ihnen zu Anfang über meinen persönlichen Preis beim Bücherschreiben erzählt habe? Das hörte sich wahrscheinlich so an, als sei es die reinste Tortur, einen Ratgeber zu verfassen. Vielleicht fragten Sie sich: Warum tut die Frau sich das an? Will sie die Menschheit retten? Träumt sie von einem Mega-Bestseller? Natürlich wäre beides schön. Aber das besondere Geschenk, das mich jeden Tag dazu bewegt zu zahlen, ist, dass ich durch die intensive Beschäftigung mit dem Thema Erkenntnisse gewinne.

Nun wenden Sie vielleicht ein: Na ja, Schreiben ist auch eine kreative Tätigkeit. Aber ich jobbe bei Aldi, um mir meine Amerika-Reise zu verdienen. Ich quäle mich mit diesem blöden Fernkurs herum, um neben meinem Bürojob Betriebswirtschaft zu studieren. Ich gehe jede Woche zu meinem Heilpraktiker, um endlich gesund zu werden. Was bitte schön soll daran so faszinierend sein?

Am Preis ist nicht zu rütteln. Und er ist immer unangenehm, für uns alle. Das brauchen wir uns gar nicht schönzureden. Doch schauen Sie mal genau hin, was Sie gewinnen, während Sie ihn zahlen: Sie spüren Ihre Stärke. Sie erfahren, dass Sie durchhalten können. Sie erwerben neue Fähigkeiten. Sie lernen, dass Sie flexibel sind und dass Sie so schnell nichts umwirft. Sie können stolz auf sich sein. Ihr Selbstbewusstsein steigt. Sie werden reifer. Sie werden eine Persönlichkeit. Das und mehr erhalten Sie bei *jedem* Preis, den Sie zahlen.

Dieses Geschenk ist der eigentliche Grund, warum wir auf dieser Erde überhaupt zahlen müssen: Auf diese Weise wachsen wir. Und gleichzeitig erreichen wir unser Ziel. Lassen Sie sich diesen doppelten Gewinn nicht entgehen. Zahlen Sie mit Freuden.

Zweite Spielregel:
Gehen Sie Schritt für Schritt

Nasrudin, der arabische Till Eulenspiegel, wollte Flötenunterricht nehmen. Er fragte einen berühmten Flötenlehrer, was denn der Unterricht kosten würde. »Nun«, antwortete der, »die erste Stunde kostet ein Goldstück, die zweite ein halbes.« »In Ordnung«, sagte Nasrudin, »dann fange ich mit der zweiten Stunde an.«

Man kann diese Naivität belächeln, doch wie oft machen wir es ganz genau so: Wir würden am liebsten einige Schritte überspringen und gleich oben ansetzen. Es erscheint ziemlich mühsam, immer gründlich eins nach dem anderen zu tun. Vor allem: Muss das denn überhaupt sein? Möglicherweise ist es ja nur ein Überbleibsel altmodischer Erziehung. Wahrscheinlich haben Ihre Eltern Ihnen auch noch beigebracht, dass man sich eine solide Basis schaffen muss. Doch die Zeiten haben sich geändert. Heute gründen schon Studenten ihre eigene Firma und sind Millionäre, während sich gestandene Dozenten mit Taxifahren ein Zubrot verdienen. Erst gestern hat mich ein promovierter Politologe gefahren, der von seinen Lehraufträgen nicht leben kann. Auch ein Blick auf die Prominenz macht es fraglich, dass man Schritt für Schritt gehen sollte. Es sieht nicht so aus, als hätten diejenigen, die im Fernsehen als Kult gehandelt werden, sich ihre Position durch Fleiß und Wissen erarbeitet. Trotzdem, lassen Sie sich nicht täuschen!

Shootingstars sind selten

Kometenhafte Aufstiege aus dem Nichts sind seltener als Sie glauben. Sicher, manchmal haben Menschen einen Riesenerfolg, ohne dass ihre Kenntnisse oder Fähigkeiten das rechtfertigen: Eine Sängerin mit schwacher Stimme verkauft ihre CD millionenfach, bloß weil die Melodie ein Ohrwurm ist. Das Buch eines mittelmäßigen Autors wird ein Bestseller, weil es einen attraktiven Titel hat. Ein Maler mit wenig künstlerischer Substanz wird von einer renommierten Galerie übernommen, weil seine Bilder den Zeitgeschmack treffen. In der Politik bekommt eine fachliche Null durch Vetternwirtschaft einen Superposten.

Im ersten Moment kann es schon neidisch machen, wenn Ergebnisse ohne große Anstrengung erzielt werden. Aber wie schon das Sprichwort sagt: Man soll den Tag nicht vor dem Abend loben. Fast immer bleiben solche Shootingstars Eintagsfliegen. Eine Weile schwimmen sie oben, doch können sie an ihren Erstlingserfolg nicht anknüpfen und verschwinden schnell wieder von der Bildfläche. Der Grund dafür ist, dass sie nicht wirklich gut sind. Ihr Erfolg ist ein Zufallsprodukt und hat keine solide Basis.

In den meisten Fällen jedoch hat das, was von außen wie ein glücklicher Zufall erscheint, eine Vorgeschichte. Lange bevor der Erfolg endlich deutlich sichtbar wird, haben ihn die Erfolgreichen Schritt für Schritt aufgebaut. Wie die folgende Anekdote belegt: Ein unbekannter Schauspieler wird mit einem einzigen Film plötzlich berühmt. Die Reporter fragen ihn: »Wie kommen Sie eigentlich damit klar, so über Nacht zum Star geworden zu sein?« »Ach«, antwortet er lächelnd, »das ist ganz einfach, wenn man bedenkt, dass ich mich zwölf Jahre auf diese Nacht vorbereitet habe.« Schauen Sie sich einmal in Ihrem Bekanntenkreis um oder befassen Sie sich mit der Lebensgeschichte berühmter Menschen. Sie werden sehen, dass alle wirklich Erfolgreichen Schritt für Schritt auf ihr Ziel zugegangen sind.

Keinen Schritt auszulassen bringt zwei große Vorteile: Es macht Sie sicher und gleichzeitig flexibel.

Vor einiger Zeit hatte ich, was die *Sicherheit* angeht, ein Aha-Erlebnis. Ich war zu einem Vortrag in einer großen Buchhandlung eingeladen. Im Anschluss daran sollte ich mich ins Gästebuch eintragen. Neugierig blätterte ich ein paar Seiten zurück. Schließlich ist es immer interessant zu erfahren, wer vor einem da war. Tatsächlich stieß ich auf einen Namen, den ich kannte. Es handelte sich um einen Journalisten, der mit flotter Feder psychologische Ratgeber schreibt. »Das war sicher eine schöne Lesung«, sagte ich zu dem Veranstalter. »Na ja«, meinte der, »die Lesung war schon okay. Aber wir werden den Herrn trotzdem nicht wieder einladen. Denn als im Anschluss an seine Lesung Fragen aus dem Publikum zu dem Problem kamen, über das er geschrieben hat, konnte er nicht richtig darauf antworten und hat sich nur in Allgemeinplätze geflüchtet.« Dem Journalisten fehlte die fachliche Grundlage. Er hatte den zweiten Schritt vor dem ersten gemacht, indem er Sachwissen zusammenstellte, das er nicht wirklich beherrschte.

Erst profunde Kenntnisse machen Sie sicher. Wenn Sie Ihr Handwerk von der Pike auf gelernt haben, wissen Sie genau, was Sie tun und sagen. Das gilt für jedes Gebiet. Ob Sie nun Unternehmensberater, Klempner, Verkäuferin oder Tierärztin sind. Andernfalls kann Sie jeder aufs Glatteis locken, der nur ein bisschen mehr als das Übliche erfahren möchte. Und das Schlimmste ist, Sie selbst wissen, dass Ihnen die Grundlagen fehlen. Das führt dazu, dass Sie ängstlich vermeiden, in eine kritische Lage zu kommen. Sie scheuen auch Konkurrenz, die besser ausgebildet ist als Sie. Haben Sie sich dagegen Ihr Wissen Schritt für Schritt erarbeitet, sieht es anders aus. Natürlich wissen Sie dann auch nicht alles und sind keineswegs unfehlbar, aber Sie sind selbstbewusster und gehen unbefangener mit einem gelegentlichen Defizit um. Sie können gelassen sagen: »Das weiß ich nicht, aber ich werde mich schlau machen.« Für einen Überflieger kommt das einer Bankrotterklärung gleich.

Das zweite große Plus ist *Flexibilität*. Haben Sie sich Ihre Kenntnisse Schritt für Schritt erworben, fällt es Ihnen leichter, den Schwerpunkt Ihrer Arbeit zu verlagern oder in eine andere Position zu wechseln, wenn Sie mit der alten nicht mehr glücklich sind. Dank Ihrer soliden Kenntnisse empfängt man Sie auch anderweitig mit offenen Armen. Haben Sie sich jedoch Ihr Wissen im Schnellverfahren angeeignet und nur mit Glück eine Position ergattert, sieht es anders aus. Dann müssen Sie alles tun, um sich dort zu halten. Sie klammern sich daran und sagen sich: »Wer weiß, ob ich überhaupt nochmal so eine Chance bekomme.«

Mit Schmalspurwissen fällt es Ihnen auch schwer, sich veränderten Bedingungen anzupassen, weil Ihnen dazu das Repertoire fehlt. Musiker zum Beispiel, die der Zeitgeschmack hochgejubelt hat, können immer nur das Gleiche reproduzieren. Andere dagegen sind jahrzehntelang gefragt, weil es ihnen gelingt, ihre Musik weiterzuentwickeln. Das Gleiche gilt für Maler, Schriftsteller oder Filmschauspieler.

Schritt für Schritt zu gehen schenkt Ihnen Solidität. Ihre Kenntnisse stehen nicht auf tönernen Füßen, sondern haben ein festes Fundament. Auf dieser Basis können Sie sich weiterentwickeln und Neues aufbauen.

Ihre Persönlichkeit muss mit Ihrem Erfolg Schritt halten

Bisher haben wir von den Schritten gesprochen, die zu einer fundierten Sachkenntnis führen. Doch das ist nicht alles. Ihre Persönlichkeitsentwicklung sollte damit Hand in Hand gehen. Es nutzt Ihnen wenig, nur fachlich kompetent zu sein, Sie müssen mit Ihrem Wissen auch verantwortlich umgehen und es überzeugend vertreten.

Dazu gehört in erster Linie Selbstbewusstsein. Wenn Sie bei anderen immer noch kindlich um Anerkennung buhlen, nimmt man Sie nicht ernst oder nutzt Sie aus. Zu Ihrem Fortschreiten gehört, dass proportional zu Ihren Kenntnissen das kleine Mädchen oder der kleine Junge in Ihnen erwachsen wird.

Vor kurzem nahm ich an einem Kongress für Unternehmensgründerinnen teil. In einer Podiumsdiskussion sprachen einige Unternehmerinnen über ihren Werdegang und ihre Erfolgsstrategien. Zum Abschluss der Runde fragte die Moderatorin, welchen guten Rat sie denn den Zuhörerinnen geben möchten. Den meisten Beifall bekam eine Unternehmerin, die sagte: »Wenn Sie gute Arbeit bieten, dann sollten Sie auch so auftreten. Hören Sie auf, sich wie ein kleines Mädchen zu fühlen, das vom guten Willen anderer abhängig ist.«

Notwendig sind außerdem persönliche Tugenden, auch wenn dieser Begriff etwas altmodisch klingt. Sie sollten immer zuverlässig, aufmerksam, liebenswürdig und freundlich sein. Glauben Sie bitte nicht, das sei selbstverständlich. Ich habe Menschen kennen gelernt, die ein fachlicher Erfolg nach oben katapultiert hatte. Nur leider hatte ihr Charakter damit nicht Schritt gehalten. Sie waren arrogant und unsensibel. Bleiben Sie natürlich und im guten Sinne bescheiden. Halten Sie Ihre Versprechen, und bewahren Sie den Respekt vor der Würde eines anderen Menschen. Sonst nutzen Ihnen die größten Schritte nichts.

Wohin wollen Sie?

Bevor Sie jetzt losstürmen, erlauben Sie mir eine Frage: Wo wollen Sie überhaupt hin? Wenn Sie kein Ziel haben, laufen Sie ins Leere, im Kreis herum oder vielleicht sogar zurück. Deshalb ist es notwendig, sich schon vor dem ersten Schritt ein Ziel zu setzen.

Was Sie erreichen wollen, bestimmen ganz allein Sie. Niemand kann Ihnen vorschreiben, was Sie glücklich macht. Seit Jahrhunderten bemühen sich die Philosophen, eine allgemein verbindliche Definition für Glück zu finden. Vergeblich. Das ist kein Wunder, denn Glück ist ein subjektives Gefühl. Deshalb gibt es so viele Glücksvorstellungen wie Menschen auf diesem Planeten.

Ähnlich ist es mit dem Erfolg. Lassen Sie sich nicht von dem beeinflussen, was man gemeinhin darunter versteht: viel Geld, Berühmtheit, Bewunderung, Macht, Statussymbole. Das sind beliebige Übereinkünfte. Sie allein bestimmen, was Sie unter Erfolg verstehen.

Beispiele dafür, wie individuell die Ziele für Glück und Erfolg sein können, gibt es genug. Als der Journalist Jörg Andres Elten seinen gut bezahlten Job als Star-Reporter beim »Stern« aufgab und als Jünger des indischen Gurus Osho nach Poona ging, hielten ihn seine Kollegen für komplett verrückt. In ihren Augen war er eine gescheiterte Existenz. Dabei fühlte er sich zum ersten Mal in seinem Leben wirklich lebendig und glücklich. Für ihn war es ein Erfolg, sich persönlich zu entwickeln.

Lassen Sie sich also von niemandem dreinreden. Überlegen Sie selbst, welches Ziel Sie sich setzen wollen. Es kann sich auf ganz verschiedene Ebenen beziehen. Vielleicht möchten Sie konkret etwas auf materiellem Gebiet erreichen. Oder Sie streben eine berufliche Position an. Es kann sich auch um die Entfaltung Ihrer Persönlichkeit oder die Entwicklung bestimmter Eigenschaften handeln. Eventuell möchten Sie eine Fertigkeit erwerben oder einen bestimmten Abschluss machen. Was auch immer: Ihr Ziel ist das Ende des Weges, den Sie Schritt für Schritt gehen werden.

In Siebenmeilenstiefeln ans Ziel?

Sobald Sie Ihr Ziel festgelegt haben, fragen Sie sich: Wie komme ich da hin? Welche Schritte sind notwendig, um es zu erreichen? Teilen Sie sich den Weg, den Sie gehen wollen, in Etappen ein. Jede Etappe wiederum lässt sich in Einzelschritte zerlegen. Am besten machen Sie diese Überlegungen schriftlich, dann haben Sie gleichzeitig Ihre Route aufgezeichnet.

Ist diese Vorarbeit abgeschlossen, können Sie sich mit der richtigen Gangart beschäftigen. Wie groß sollen Ihre Schritte sein? Faustregel: So groß, dass Sie sie gut bewältigen können.

Die Schrittgröße variiert nicht nur von Mensch zu Mensch, sondern auch von Situation zu Situation. Das konnte ich besonders gut verfolgen, als ich in den vergangenen Jahren Seminare für die Leserinnen der Zeitschrift »Brigitte« durchführte. Zu Themen wie »Das Leben ändern« oder »Ich fange noch mal etwas Neues an« kamen Frauen mit ganz unterschiedlichen Voraussetzungen zusammen. Die einen waren förmlich auf dem Sprung, etwas zu verändern, die anderen waren gerade mal bereit, darüber nachzudenken. Im kleinen Kreis von zehn Personen arbeiteten wir intensiv miteinander. Am Ende bat ich jede Teilnehmerin, ihren ersten Schritt zu nennen. Was würde sie unmittelbar nach dem Seminar verbindlich in Angriff nehmen? Es war interessant zu sehen, wie unterschiedlich groß die Schritte waren. Sie reichten von »Ich melde mich am Montag in einem Fitnessclub an« bis »Ich trenne mich endgültig von meinem Mann«. Besonders die großen Schritte waren keine spontanen Reaktionen, etwa durch gemeinsame Seminar-Euphorie hervorgerufen. Sie waren lange gereift und hatten nur noch auf die letzte Unterstützung gewartet. Dadurch verkehrte sich oft sogar die innere Bedeutung des Schrittes: Was von außen unglaublich mutig aussah, war im Grunde ein kleiner Schritt. Und was vergleichsweise harmlos erschien, war unter Umständen ein Riesenschritt für die Betreffende. Hauptsache, der Schritt war für jede stimmig.

Die Schrittlänge hängt auch von unterschiedlichen Phasen ab. Sicher haben Sie schon einmal vom Biorhythmus gehört. Morgens haben wir ein Schaffenshoch, gegen Mittag fällt die Kurve ab. Am Nachmittag und frühen Abend zeigt sie nochmal nach oben, um dann endgültig zu sinken. Seelische und körperliche Hochs und Tiefs gibt es nicht nur tageweise, sondern auch ganz individuell auf längere Zeitabstände bezogen. Wie groß Sie Ihren jeweiligen Schritt machen, ist davon abhängig, wie kräftig Sie sich fühlen und wie dringend er für Sie ist. Wichtig ist vor allem, dass Sie sich nicht überfordern.

Vor einiger Zeit sah ich im Fernsehen eine Sendung, bei der sich mir die Nackenhaare sträubten. Ein Motivationstrainer und selbsternannter Psychotherapeut wollte beweisen, dass seine Methode Menschen in null Komma nichts von ihren Problemen befreit. Als Versuchsobjekt hatte er sich eine Frau mit schweren Angstzuständen ausgesucht, die seit Jahren ihre Wohnung nicht mehr verlassen konnte. Ärztliche Behandlung hatte bisher nur kleine Fortschritte gebracht. Der Motivationstrainer setzte die Frau in sein Auto und fuhr mit ihr in den nächsten Ort. Die Frau auf dem Beifahrersitz hatte unglaubliche Angst, die sie verzweifelt zu unterdrücken versuchte, vermutlich weil sie vor laufender Kamera nicht versagen wollte. Am Ziel angekommen wusste sich ihr

Retter vor Freude nicht zu fassen. »Ich bin stolz auf Sie!«, jubelte er. »Sie haben es geschafft, sich dreißig Kilometer von Ihrem Haus zu entfernen. Und das nächste Mal fahren Sie dann gleich bis Berlin.« Die Frau nickte gequält. In einer späteren Sendung, die sich kritisch mit dieser Hauruck-Methode befasste, erfuhr ich, dass das Opfer im Anschluss an das scheinbar so gelungene Experiment einen schweren Rückfall erlitten hatte. Die kleinen Fortschritte, die sie mit ärztlicher Hilfe vorher mühsam errungen hatte, waren zunichte gemacht. Jetzt lag sie nur noch im Bett.

Wenn die Zeit für einen großen Schritt nicht reif ist, sorgt unser Unterbewusstes für eine Korrektur und wirft uns mindestens wieder an unseren Ausgangspunkt zurück. Daher kommt es übrigens auch, dass spektakuläre Seminarergebnisse, die nur auf Gruppendruck oder allgemeiner Hochstimmung basieren, im Alltag nicht standhalten. Machen Sie immer nur so große Schritte, wie Sie sich auch zutrauen. Egal, was andere von Ihnen erwarten.

Gehen Sie Ihr Tempo

Nicht nur die Größe der Schritte will bedacht sein, sondern auch das Tempo. Es bestimmt, wie rasch Sie Ihr Ziel erreichen. Doch Vorsicht, nicht jede schnelle Gangart bringt auch am schnellsten ans Ziel.

Ob Sie schnell oder langsam gehen, ist zunächst einmal eine Frage Ihres Temperamentes. Manche Menschen haben eine rasche Auffassungsgabe, lernen ohne große Mühe und fühlen sich wohl, wenn sie ständig neue Anregungen erhalten. Die Kehrseite der Medaille ist, dass sie mit sich und anderen leicht ungeduldig werden. Ihr Durchhaltevermögen ist oft nicht besonders stark, und sie sind versucht, eine Sache hinzuwerfen, wenn sie ihnen keinen Spaß mehr macht.

Ihr Gegenpol sind die ruhigen und bedächtigen Menschen. Sie brauchen Zeit, bis sie sich in eine Situation hineingefunden haben. Typisch für sie ist, dass sie sich lange und gründlich mit etwas beschäftigen. Dann haben sie es aber auch fürs Leben gespeichert. Dafür fällt es ihnen eher schwer, loszulassen. Meist bleiben sie zu lange an einem Platz, in einer Situation oder Beziehung und wehren sich heftig gegen Veränderungen.

Ihr Naturell sollten Sie mit berücksichtigen, wenn Sie das Tempo Ihrer Schritte bestimmen. Richtig liegen Sie meist, wenn Sie Ihrem natürlichen Tempo bewusst ein wenig gegensteuern.

Falls Sie eher spontan sind, setzen Sie sich erst einmal ruhig hin und durchdenken Sie die Konsequenzen, bevor Sie sich entscheiden. Suchen Sie das Gespräch mit einem Menschen von »der gründlichen Sorte«. Wie sinnvoll das ist, das kann ich Ihnen aus eigener Erfahrung bestätigen. Auch wenn es mir oft nicht sonderlich passte, weil ich meine schöne Idee am liebsten sofort umgesetzt hätte, hat mir die kluge Bedächtigkeit meines Mannes so manchen Fehler erspart.

Sind Sie dagegen ein(e) Vertreter(in) der langsamen Entschlüsse, kann etwas mehr »Dampf« nicht schaden. Hören Sie auf, sich die schlimmsten Konsequenzen auszumalen, und handeln Sie.

Das Tempo wird aber auch von der äußeren Notwendigkeit bestimmt. Wenn Ihr Haus brennt, können Sie nicht lange überlegen, bevor Sie die Feuerwehr rufen. Es gibt Situationen, die rasches Handeln erfordern, auch auf die Gefahr hin, dass Sie vielleicht nicht die ausgewogenste Entscheidung treffen. Das ist der Fall, wenn Ihnen eine einmalige Chance geboten wird. Natürlich dürfen Sie es mit dem Sprichwort halten: »Was gut ist, kommt wieder.« Aber das ist eben nicht sicher. Schließlich gilt auch Gorbatschows berühmter Ausspruch: »Wer zu spät kommt, den bestraft das Leben.«

Manchmal ist jedoch Langsamkeit angebracht. Denken Sie nur an das berühmte Aussitzen mancher Politiker. Viele Dinge ordnen sich oft von selbst und würden durch hektischen Aktionismus nur ungünstig beeinflusst.

In jedem Fall sollten Sie innehalten, bevor Sie weitergehen. Berücksichtigen Sie Ihr Naturell und überprüfen Sie, wie dringlich es ist, zu handeln. Mit einer guten Mischung aus Selbsterkenntnis und Überlegung finden Sie bestimmt das angemessene Tempo.

Gehen Sie vom Leichten zum Schweren

In einer alten chinesischen Geschichte fällt der Berater des Kaisers in Ungnade. Er wird in einen Turm verbannt, der keine Tür hat. Nur ganz oben unter dem Dach gibt es ein kleines Fenster. Eines Nachts hört der Gefangene leises Rufen. Vor dem Turm steht seine Frau und macht ihm Zeichen, dass sie ihn befreien will. Dazu hat sie sich eine raffinierte Methode ausgedacht: Sie hat die Fühler eines Käfers mit Honig beträufelt und ihm einen Seidenfaden ans

Bein gebunden. Sobald sie ihn auf die untersten Steine des Turmes gesetzt hat, läuft der Käfer, dem verlockenden Honigduft folgend, schnurstracks den Turm hinauf zum Fenster ihres Mannes. Der nimmt das Tierchen in Empfang, löst den Seidenfaden und zieht vorsichtig daran. Nach kurzer Zeit spürt er, dass der Seidenfaden schwerer wird. An seinem Ende ist ein Bindfaden befestigt. Als er diesen ebenfalls heraufgezogen hat, bemerkt er, dass daran ein dickes Seil hängt. Er knotet das Seil ans Fensterkreuz, gleitet herunter und ist frei.

Die Geschichte illustriert, wie sinnvoll es ist, mit dem Leichten zu beginnen und dann erst zum Schweren überzugehen. Der kaiserliche Berater säße garantiert noch im Turm, wenn seine Frau versucht hätte, dem Käfer ein Tau umzubinden.

Tatsächlich erweist sich der Weg von leicht zu schwer auch in der Realität als nützlich. Einen schlagenden Beweis dafür bietet die Verhaltenstherapie. Dieses psychologische Training ist vor allem bei Phobien, starken Ängsten, ausgesprochen erfolgreich. Mehr als achtzig Prozent der Patienten werden von ihrem Leiden befreit, indem man die so genannte systematische Desensibilisierung anwendet: Das angstauslösende Objekt wird schrittweise immer näher geführt, während Entspannungsübungen helfen, aufkommende Panik zu überwinden.

Ich erinnere mich an eine Biologin, die eine Schlangenphobie hatte. Eigentlich kein Problem, denn in Hamburg kommen Schlangen höchstens in Hagenbecks Tierpark vor. Doch dann wurde ihr von der Umweltbehörde ein interessantes Projekt angeboten. Es ging darum, die Hautveränderung der Aale in der Elbe zu untersuchen. Sie war von dem Auftrag begeistert. Dumm nur, dass Aale Schlangen ziemlich ähnlich sehen. Da gab es nur eins: Sie musste ihre Angst loswerden. Also begann sie eine Verhaltenstherapie. Ihre Therapeutin bat sie zu Beginn, eine Liste von zehn Punkten aufzustellen. Die sollte von dem, was ihr in dem Zusammenhang mit Schlangen am wenigsten ausmachte, bis hin zu der absolut schlimmsten Vorstellung reichen. Eine Woche später gab sie die Liste ab. Ganz unten auf ihrer Skala stand »Ein Bild von einer Schlange sehen«, ganz oben »Eine Schlange anfassen«. Diese Liste arbeitete sie nun mit professioneller Hilfe Schritt für Schritt ab. Sobald sie eine Situation gut bewältigt hatte, wurde die nächstschwierige in Angriff genommen. Am Ende machte es ihr nichts mehr aus, die Aale mit bloßen Fingern aus dem Netz zu nehmen.

Was für Menschen, die sich beeinträchtigt fühlen, funktioniert, hilft anderen erst recht. Machen Sie sich diese Methode ebenfalls zu Nutze. Wenn Sie sich etwas vornehmen, staffeln Sie den Schwierigkeitsgrad. Beginnen Sie immer bei dem, was Ihnen am leichtesten fällt und heben Sie sich das Schwerste bis zum Schluss auf. Das gilt für simple Ziele ebenso wie für hoch gesteckte. Angenommen, Sie wollen einen Korb Wäsche bügeln. Anstatt mit der komplizierten Seidenbluse anzufangen, nehmen Sie sich zuerst die Servietten vor. Oder Sie wollen lernen, sich durchzusetzen. Fangen Sie nicht mit Ihrem Chef an, sondern mit dem Gemüsehändler, der Ihnen eine faule Tomate in die Tüte schmuggeln will.

Warum ausgerechnet in dieser Reihenfolge? Zum einen laufen Sie sich auf diese Weise geistig warm, ohne sich gleich zu erschöpfen. Zum anderen macht Ihnen die Vorstellung, dass Sie ja mit etwas Harmlosem beginnen, weniger Stress oder Angst. Indem Sie

eine leichte Aufgabe gut erfüllen, schaffen Sie sich ein Erfolgs-
erlebnis, das Sie für die kommende schwierigere Aufgabe stärkt.

Keine Angst vor dem nächsten Schritt

Dass Sie vorwärts schreiten, ist klar. Aber wann Sie den nächsten
Schritt tun, will gut überlegt sein. Oft fühlen wir uns verwirrt und
können uns einfach nicht entscheiden. Sollen wir weitergehen oder
stehen bleiben? Uns kommen Zweifel. Möglicherweise sind wir ja
zu ungeduldig und sollten lieber noch warten, bevor wir etwas verändern? Vielleicht ist es unvernünftig, alles aufs Spiel zu setzen?
Eine quälende Situation. Das folgende Modell kann Ihnen helfen,
sich in Bezug auf Ihre Arbeit, ein Hobby, eine persönliche Entwicklung oder sogar auf eine Beziehung zu entscheiden. Es geht von
vier Zuständen aus, mit deren Beschreibung sich leicht feststellen
lässt, wo Sie sich gerade befinden. Prüfen Sie selbst:

- *Sie lieben das, was Sie tun, beherrschen es aber noch nicht*
  Dies ist eine typische Anfängersituation. Sie haben sich etwas
  ausgesucht, das Sie interessiert, müssen aber auf diesem Gebiet
  noch einiges lernen. Zwar sind Sie mit Engagement dabei, fühlen sich aber manchmal unfähig und hilflos.
  Auf dieser Stufe sollten Sie so lange durchhalten, bis Sie kompetent geworden sind. Trösten Sie sich mit dem Sprichwort »Aller
  Anfang ist schwer«. Wenn Sie jetzt aufgeben, wäre das wirklich
  schade. Und zum Weitergehen ist es noch zu früh.

- *Sie lieben, was Sie tun, und Sie beherrschen es*
  Sie haben den Anfängerstatus überwunden und sind eine Ex-
  pertin oder ein Experte. Sie haben Berufserfahrung gewonnen,
  sind in Ihrer Entwicklung oder einer Partnerschaft gewachsen.
  Sie sind kompetent und haben Übung in dem, was Sie tun. Falls
  Probleme auftauchen, lösen Sie sie souverän.
  Diese Stufe ist wunderbar. Genießen Sie sie so lange wie mög-
  lich. Wenn Sie zu schnell weitergehen, berauben Sie sich der
  Früchte Ihrer Anstrengungen.

- *Sie beherrschen das, was Sie tun, aber Sie lieben es nicht mehr*
  Dies ist das Stadium der Routine. Sie machen Ihren Job im
  Schlaf und verdienen sicher auch gutes Geld damit. Nur viel
  Spaß bringt er Ihnen nicht mehr. Oder Ihre Beziehung ist be-
  stens eingespielt, aber langweilt Sie.
  An dieser Stelle ist ein neuer Schritt unbedingt notwendig.
  Wenn Sie sich weiterhin – etwa aus Vernunftgründen – an den
  Status quo klammern und nichts verändern, werden Sie über
  kurz oder lang missmutig oder depressiv.

- *Sie lieben nicht mehr, was Sie tun, und sind darin auch nicht mehr
  gut*
  In diesem Stadium haben Sie von Ihrer Arbeit oder Ihrer privaten Situation absolut die Nase voll und quälen sich nur noch.
  Weil Ihnen Lust und Liebe fehlen, sind Sie auch nicht länger
  gut. Inzwischen nutzt Ihnen Ihre gewonnene Erfahrung auf
  dem Gebiet nichts mehr. Sie haben den Schwung verloren, sich
  weiter zu entwickeln. Andere merken, dass Sie nicht mehr bei
  der Sache sind, und ziehen sich zurück. Hier ist sofortige Ver-
  änderung notwendig.

Der Kreislauf durch diese vier Stadien beginnt auf den verschiedensten Gebieten immer wieder von vorne. Wo ordnen Sie sich zur Zeit ein? Das kann Ihnen einen Anhaltspunkt dafür bieten, ob ein nächster Schritt nötig ist.

Modelle wie dieses sind nützliche Hilfsmittel, um sich für den nächsten Schritt zu entscheiden. Doch im Grunde verfügen Sie selbst über viel feinere Instrumente. Ihr Herz und Ihre Seele sagen Ihnen deutlich, wann es an der Zeit ist, weiterzugehen. Wenn Ihnen Ihre innere Stimme das nahe legt, sollten Sie es tun. Es bedeutet, dass Sie inzwischen auch die notwendigen Fähigkeiten dafür erworben haben. Sie können es sich leisten, fortzuschreiten. Tun Sie es nicht, weil Sie zu sehr auf Sicherheit setzen, landen Sie garantiert im vierten Zustand des obigen Modells.

Sich innerlich für den nächsten Schritt bereit zu fühlen bedeutet noch lange nicht, dass Sie keine Angst davor haben, ihn zu tun.

Jeder von uns lebt in seiner »Komfortzone«. So lautet der moderne Begriff für den Bereich, in dem Sie sich sicher fühlen. Ihre Komfortzone umfasst alles, was Ihnen vertraut ist: Ihre Arbeit, Ihre Beziehungen, Ihre Meinung, Ihr Verhalten. Dort haben Sie sich häuslich eingerichtet. Sobald Sie jedoch an den Rand Ihrer Komfortzone geraten, werden Sie unsicher. Die Grenze zu überschreiten macht richtig Angst.

Glauben Sie bitte nicht, das ginge nur Ihnen so, etwa weil Sie zu wenig Selbstvertrauen haben oder kein sonderlich mutiger Typ sind. Jeder Mensch hat Angst, sobald er etwas Neues beginnt, unabhängig davon, wie selbstsicher und souverän er sonst auch sein mag. Der Überlebenskünstler Rüdiger Nehberg überquert mutterseelenallein im Einbaum den Atlantik. Der Abenteurer Arved

Fuchs marschiert durch die Antarktis. Wo wir vor Angst schlottern würden, haben sie ihre Komfortzone. Doch angenommen, die beiden müssten sich auf ein völlig unbekanntes Terrain begeben. Wetten, dass diese harten Männer genauso weiche Knie hätten wie Sie beim Extremsport?

Weil jeder neue Schritt Angst macht, hat es keinen Zweck, darauf zu warten, bis sie sich legt, um dann gelassen vorwärts zu schreiten. Ihre einzige Chance, die Angst loszuwerden, ist, mitten durch sie hindurch zu gehen und genau das zu tun, wovor Sie sich fürchten. Wenn Sie im tiefsten Inneren davon überzeugt sind, dass Ihr nächster Schritt richtig ist, dann gehen Sie. Trotz der Angst.

Suchen Sie sich die richtigen Weggefährten

Besonders beim ersten Schritt, aber auch wenn es schwierig wird, ist es wunderbar, unterstützt zu werden. Menschen in Ihrer Umgebung können Sie ermutigen und begleiten. Dazu zählt der Partner oder die Partnerin, die Familie und vor allem Freunde. Umgekehrt gilt auch: Diejenigen, die Ihnen nahe stehen, können Sie bremsen, falls sie ängstlich, eifersüchtig oder pessimistisch sind. Von daher sollten Sie sorgfältig schauen, mit wem Sie sich umgeben und mit wem Sie Ihre Pläne diskutieren.

So einfach, wie sich das jetzt vielleicht anhört, funktioniert die Auswahl allerdings selten. Auch wenn wir spüren, dass die Beziehung zu Freunden oder Bekannten nicht das Wahre ist, fällt es schwer, bestehende Beziehungen einfach abzubrechen.

Ich weiß noch gut, wie traurig ich es fand, als ich vor Jahren eine Freundschaft beenden musste, weil unsere Lebensstile einfach zu unterschiedlich waren. Sandra war beim Theater, ich arbeitete in einer Gemeinschaftspraxis. Wir hatten uns im Urlaub kennen gelernt und gleich gut verstanden. Ein glücklicher Zufall, dass wir beide in Hamburg wohnten. Am Anfang unserer Freundschaft redeten wir abends oder am Wochenende lange miteinander oder unternahmen etwas. Doch bald wurde deutlich, dass ich mit Sandras Lebensstil auf die Dauer nicht mithalten konnte. Oft rief sie nach der Theatervorstellung gegen Mitternacht bei mir an: »Du, wir sitzen hier gerade so gemütlich beim Italiener, komm doch vorbei.« Damit riss sie mich aus dem Schlaf, den ich brauchte, um morgens fit zu sein. Es brachte nichts, mit ihr darüber zu reden. Sie fand meine Einstellung spießig und hatte kein Verständnis dafür, dass ich einen anderen Arbeitsrhythmus hatte als sie. Mir blieb nichts anderes übrig, als die Freundschaft abzubrechen, obwohl ich Sandra nach wie vor gerne mochte.

Ein unterschiedlicher Lebensstil ist nicht der einzige Grund, sich von Weggefährten zu verabschieden. Noch gravierender ist es, wenn Sie keinen Rückhalt für Ihre Pläne finden. Damit ist nicht gemeint, dass Ihnen Freunde Schwachpunkte Ihrer Idee aufzeigen oder berechtigte Warnungen vorbringen. Gemeint ist, dass sie Ihnen Schwung und Energie durch eine unnötig pessimistische Einstellung rauben. Etwa indem sie sagen: »Das schaffst du sowieso nicht.« »Da haben sich schon ganz andere die Zähne dran ausgebissen.« »Wieso sollen die gerade auf dich warten.« Schlechte Begleiter betonen Ihre Defizite oder machen sich über Ihr Vorhaben lustig. Gute Weggefährten ermutigen und unterstützen Sie.

Wenn Sie loyal sind oder sich vor dem Alleinsein fürchten, halten Sie vielleicht an Ihren Freunden fest, obwohl die Ihnen längst nicht mehr gut tun. Prüfen Sie doch einmal mit der folgenden Checkliste, ob Ihnen die Freundschaft wirklich etwas gibt oder ob es sinnvoller wäre, sich zu trennen.

Können Sie die folgenden Aussagen überwiegend bejahen, haben Sie bestimmt die richtigen Menschen an Ihrer Seite. Müssen Sie bei den meisten Statements passen, sollte Sie das zumindest nachdenklich machen.

- Ihre Freunde haben die gleichen Werte.
- Sie verfolgen ähnliche Ziele.
- Sie sind zuverlässig.
- Sie können offen mit ihnen sprechen.
- Sie sind nicht neidisch oder eifersüchtig auf Sie.
- Sie haben einen ähnlichen Lebensstil (Freizeit, Geld, Partnerschaft, Familie).
- Sie unterstützen Ihre Pläne.
- Ihre Kritik ist konstruktiv.
- Sie gehen respektvoll mit Ihnen um.
- Geben und Nehmen ist in Ihrer Beziehung ausgeglichen.

Falls dieser Überblick deutlich gezeigt hat, dass eine Verbindung wenig hilfreich ist, sollten Sie Konsequenzen überlegen. Verstehen Sie das jetzt bitte nicht falsch. Ich will Sie damit nicht auffordern, die Menschen in Ihrer Umgebung nur nach Nützlichkeit einzuschätzen und alle rigoros auszumustern, die »nichts bringen«. Es geht auch nicht darum, dass Sie andere bewerten. Die sind berechtigt, genau so zu bleiben, wie sie sind. Es ist nur die Frage, ob sie zu Ihnen passen. Halten Sie eine Beziehung nicht nur aus Nostalgie, Gewohnheit oder Harmoniesucht aufrecht. Falsche Einflüsse können sich auf Ihren Fortschritt wie eine Bleikugel am Fuß auswirken.

Natürlich sollen Sie sich nicht heimlich verabschieden oder absichtlich einen Streit vom Zaun brechen. Sprechen Sie mit Ihren Freunden über das, was Ihnen fehlt, ohne sie zu verletzen. Seien Sie offen und fair. Wenn etwas zu retten ist, umso besser. Doch allzu optimistisch bin ich da ehrlich gesagt nicht. Erwachsene Menschen ändern sich nur, wenn sie es selbst intensiv wünschen.

Was für Freunde gilt, lässt sich auch auf Verwandte und Kollegen übertragen. Sicherlich fällt es hier noch schwerer, sich zurückzuziehen, weil Sie zusätzlich durch äußere Umstände aneinander gebunden sind. Doch gibt es immerhin einen Spielraum dafür, wie intensiv Sie den Kontakt gestalten möchten.

Haben Sie keine Angst davor, dass Sie nach einem Schlussstrich oder Rückzug vereinsamen. Das ist höchstens für eine Übergangsphase der Fall. Sobald Sie den notwendigen Schritt getan haben, werden Sie früher oder später wieder Menschen finden, die zu Ihnen passen.

Folgen Sie den Fußstapfen

Schritt für Schritt zu gehen heißt nicht, dass Sie das Rad neu erfinden müssen. Wenn Sie nicht gerade eine Pioniertat vorhaben, ist es ziemlich wahrscheinlich, dass es Menschen gibt, die Ihren

Weg bereits erfolgreich zu Ende gegangen sind. Eine Weile in deren Fußstapfen zu treten und den Weg nach deren Methode zu gehen, kann Ihnen helfen, leichter und sicherer an Ihr Ziel zu gelangen.

Früher bezeichnete man solche Vorbilder schlicht als Lehrer oder Mentor. Heute spricht man von einem Coach. Ursprünglich stammt diese Bezeichnung aus dem Sport. Prominente Sportler haben nicht nur einen Trainer, sie lassen sich coachen. Ein Profi, der das Metier genau kennt, entwirft ein detailliertes Programm, mit dem sie ihr Ziel am besten erreichen können und übt es dann Schritt für Schritt mit ihnen ein. Denken Sie zum Beispiel an Ion Tiriac und Günther Bosch, die als Coaches von Boris Becker mit dafür gesorgt haben, dass er vom jungen Nobody zum Tennisspieler der Weltklasse aufstieg.

Bleibt die Frage: Wie finden Sie Ihren Coach? Vielleicht wohnen Sie ja in einem Gebiet, wo es weit und breit niemanden gibt, der die gleichen Interessen verfolgt wie Sie. Oder Sie haben nicht so viel Geld, um eine Expertin oder einen Experten zu konsultieren. Möglicherweise kennen Sie auch niemanden, der sich auf Ihr gewünschtes Gebiet spezialisiert hat.

Kein Problem. Ihr persönlicher Coach kommt gegen eine einmalige, relativ geringe Gebühr ins Haus und steht Ihnen jederzeit zur Verfügung: als Autor oder Autorin. Es gibt kein Wissengebiet, über das nicht mindestens ein kompetenter Mensch ein Sachbuch geschrieben hat. Da die meisten erst zur Feder greifen, wenn sie genügend Erfahrung gesammelt haben, können Sie bei Experten mit fundiertem Wissen rechnen. Noch besser: Natürlich will jeder ein besonders gutes Buch schreiben, für die Leser, fürs Image und für die kritischen Augen der Kollegen. Deshalb geben Profis in ihren Büchern Geheimnisse preis, die sie sonst nur gegen hohes Honorar vermitteln. Sie dürfen also Fachwissen vom Feinsten erwarten. Suchen Sie sich aber Ihren Buch-Coach sorgfältig aus. Bevor ich mir ein Sachbuch kaufe, schaue ich immer im Klappentext oder auf der Rückseite nach, welche Erfahrung der Autor hat. Eine gründliche Ausbildung und langjährige Berufserfahrung sind Voraussetzung. Damit mustern Sie Scharlatane und solche, die ihre Werke mit der heißen Nadel stricken oder sich an Erfolgstitel hängen, aus. Der Nachteil eines Buch-Coaches ist, dass Sie diszipliniert sein müssen, um auch umzusetzen, was Sie lesen. Außerdem ist es unmöglich, direkte Fragen zu stellen. Vorteilhaft ist, dass Sie keiner drängt oder manipuliert. Sie können in Ihrem Tempo vorgehen.

Die zweite Möglichkeit, in den Fußstapfen eines anderen schneller vorwärts zu kommen, ist, sich ein Vorbild zu suchen. Schauen Sie sich um: Wer in Ihrer Umgebung hat, was Sie sich wünschen? Zum Beispiel eine glückliche Partnerschaft, beruflichen Erfolg, persönliche Ausstrahlung, Beliebtheit, Bildung, viel Geld. Anstatt diesen Glückspilz hemmungslos zu beneiden oder das Haar in der Suppe zu suchen, sollten Sie ihn kopieren. Ich kann verstehen, wenn dieser Vorschlag erst einmal Unbehagen in Ihnen auslöst. Schließlich wollen wir alle kein Double sein, sondern ein Original. Außerdem haben wir schon in der Schule gelernt, dass Abgucken etwas Schlimmes ist. In diesem Fall sollten Sie sich aber ruhig von solchen Altlasten freimachen. Die Wirtschaft hat längst erkannt, wie viel Zeit und Mühe es spart, bei der Konkurrenz abzukupfern. »Benchmarken« nennt man das vornehm, wenn eine Firma die Erfolgsstrategie einer anderen einfach übernimmt.

Beobachten Sie genau, wie Ihr Vorbild das erreicht, was Sie sich wünschen. Angenommen, Sie haben sich eines im Blick auf mehr Selbstbewusstsein gewählt. Dann werden Sie sehen, dass ein selbstbewusster Mensch auch mal widerspricht, sich nicht unterbrechen lässt, Fehler offen zugibt. Das sind konkrete Handlungen, die Sie nachahmen können.

Falls Sie mutig sind, fragen Sie einfach nach. Haben Sie keine Angst, aufdringlich zu wirken. Die meisten mögen es, wenn man sie bewundert, und sind dann gerne bereit, ihre Methode preiszugeben. Sagen Sie bei passender Gelegenheit: »Sie kennen sich ja mit Computern wirklich toll aus. Wo haben Sie das eigentlich gelernt?« Oder »Sie sind immer so elegant. Darf ich fragen, wie Sie diese schicken Sachen nur immer finden?«

Indem Sie wissen, was Sie tun müssen, sind Sie schon einen Schritt weiter. Wenn Sie dann in den Fußstapfen eines anderen Sicherheit gewonnen haben, können Sie sich von ihnen lösen und Ihren eigenen Weg einschlagen.

Rechnen Sie mit Rückschritten

In meiner Praxis kommt es immer mal wieder vor, dass sich ehemalige Klienten nach längerer Zeit erneut zu einer Beratung melden. Oft sind sie ganz geknickt, dass ihr Problem, das sie doch überwunden glaubten, wieder aufgetaucht ist. Sie haben gedacht, nachdem sie ihre Therapie erfolgreich abgeschlossen haben, seien sie endgültig damit durch. Das ist eine Illusion, nicht nur für Klienten, sondern für uns alle. Niemand ist ein für alle mal fertig oder perfekt. Unsere Lebensthemen tauchen mit schöner Regelmäßigkeit wieder auf. Auch unsere Schwachstellen bleiben die gleichen. Mein Bild dafür ist eine Spirale, die sich nach oben windet. Wir entwickeln uns zwar immer weiter, aber auf der nächsthöheren Ebene kann uns das Problem erneut begegnen, diesmal in anderer Gestalt. Wieder müssen wir beweisen, dass wir gelernt haben, es zu lösen. Dabei sind Rückfälle oder Rückschritte möglich. Aber: Wenn Sie wissen, wie Sie am besten damit umgehen, werden Ihre Rückschritte immer kürzer.

Bettina, einer 43-jährigen Lehrerin, war in ihrer Kindheit das Gefühl dafür genommen worden, wann ihr etwas schadete. Ihr fehlte auch das Selbstbewusstsein, sich dagegen zu wehren. Nacheinander hatte sie in zwei unglücklichen Beziehungen viel zu lange ausgehalten. In der Therapie lernte sie, auf sich zu hören und ihre Interessen zu vertreten. Das verhinderte nicht, dass sie sich später auf ihrer Suche nach einem Partner noch ein paar Mal vergriff. Doch diesmal dauerte es längstens einen Monat, bis Bettina den Fall durchschaute und konsequent einen Schlussstrich zog.

Rechnen Sie damit, dass es nicht immer nur zügig vorwärts geht. Fortschritt ohne Rückschritte gibt es nur ganz selten.

Zum Teil liegt das an Ihnen selbst. Vielleicht überkommt Sie plötzlich die Angst vor der eigenen Courage. Oder Sie haben momentan keine Lust. Akzeptieren Sie das ruhig erst einmal. Schließlich sind Sie kein Roboter, der sich mechanisch auf ein Ziel zubewegt. Sie sind ein lebendiger Organismus mit Schwächen, Stimmungen und Grenzen. Es hat keinen Sinn, zum falschen Zeitpunkt beinhart gegen sich selbst vorzugehen. Behalten Sie trotzdem Ihr Ziel fest im Auge. Wenn Sie demnächst wieder Kraft und Mut geschöpft haben, versuchen Sie es erneut. Falls Ihr Rückschritt jedoch damit zu tun hat, dass Ihnen wichtige Informationen fehlen oder dass Sie bestimmte Fähigkeiten nicht genügend entwickelt haben, dann ist Arbeit angesagt. Bemitleiden Sie sich nicht, sondern holen Sie nach, was Ihnen fehlt.

Nicht immer liegt der Rückschritt an Ihnen. Manchmal sind es auch die Umstände, die Sie zurückwerfen. Wenn Sie zum Beispiel den gewünschten Ausbildungsplatz nicht bekommen, wenn Sie krank werden oder andere unvorhergesehene Zwischenfälle Ihr Ziel sabotieren. Geben Sie dann nicht gleich enttäuscht auf. Werden Sie stattdessen kreativ, und machen Sie aus dem vermeintlichen Rückschritt einen interessanten Umweg.

Rückschritte mögen Sie ein Weilchen aufhalten, doch von Ihrem Ziel abbringen sollten sie Sie nicht. Selbst im Krebsgang – zwei Schritte vor, einen zurück – kommen Sie immer noch schneller vorwärts, als wenn Sie sich gar nicht bewegen.

Einen Schritt gehen heißt Abschied nehmen

Kennen Sie das Gedicht »Stufen« von Hermann Hesse? Darin heißt es: »Es muss das Herz bei jedem Lebensrufe bereit zum Abschied sein und Neubeginne.« Wir dürfen nicht vergessen, dass jeder Schritt vorwärts immer auch einen Abschied vom früheren Zustand bedeutet. Zumindest wenn es sich um einen großen Schritt handelt, sollten Sie diesen Abschied bewusst vollziehen.

Am Ende einer längeren Psychotherapie haben meine Kolleginnen und ich es oft erlebt, dass sich die Klienten am liebsten hastig verabschieden möchten. Nachdem klar ist, dass sie ihr Ziel erreicht haben, wollen sie von heute auf morgen aufhören. Der Grund dafür ist keineswegs, dass es ihnen in den Sitzungen so schlecht gegangen ist, dass sie sich nun sagen: »Nichts wie weg«, sondern dass sie sich vor dem Abschied fürchten. Einfach fortzubleiben tut weniger weh, als bewusst zu erkennen, dass eine wichtige Zeit für sie zu Ende geht und dass wir uns wahrscheinlich nicht mehr wieder sehen werden. Deshalb ist es so wichtig, eine extra Abschiedsstunde anzusetzen. In ihr kann man gemeinsam Rückschau halten und über schöne und schwere Episoden sprechen. Erst dann ist die vergangene Stufe wirklich abgeschlossen, und der Übergang zur nächsten kann frei und unbelastet erfolgen.

Zeit für einen Abschied sollten Sie sich immer nehmen, bevor Sie weitergehen. Wenn Sie möchten, können Sie andere Menschen einbeziehen. Zum Beispiel hat die Sitte, in einer Firma oder Abteilung seinen Ausstand zu geben, den Sinn, einen guten Schlussstrich zu setzen. Alle sollen sich später gerne an Sie erinnern. Ein schönes Essen, eine Einladung, ein Brief, ein Gespräch, ein Abschiedsgeschenk sind angenehme Formen des Abschieds.

Sie können aber auch den Abschied ganz für sich allein begehen. Hier ist ein kleiner Leitfaden dazu:

- Lassen Sie noch einmal die vergangene Stufe von Anfang bis Ende vor Ihrem geistigen Auge Revue passieren.
- Erinnern Sie sich daran, was gut war und was Ihnen Mühe gemacht hat.
- Ziehen Sie ein Fazit aus dieser Zeit. Was haben Sie gelernt? Was ist noch nicht genug bearbeitet worden?
- Überlegen Sie, welche Erkenntnisse Sie in die neue Etappe mitnehmen möchten.
- Spüren Sie Dankbarkeit für alles, was Sie erlebt haben.

Ihr Lebensweg ist die Summe Ihrer Schritte

Sie sind in Ihrem Leben bereits viele Schritte gegangen. Könnte man sie sichtbar machen, gäbe das sicher ein interessantes Bild. Fortschritte und Rückschritte, Umwege, große und kleine Schritte bilden Ihr ganz persönliches Muster. Wichtig ist letztlich nur eins: Dass Sie in Ihrem Rhythmus in Bewegung bleiben und nicht zum Stillstand kommen. So lange Sie gehen, sind Sie lebendig. Und wenn Sie klug Schritt für Schritt gehen, dann gehen Sie sicher auf Glück und Erfolg zu.

Dritte Spielregel:
Denken Sie produktiv

Vor kurzem hielt ich einen Vortrag zum Thema »Denken Sie produktiv«. Die Zuhörer und Zuhörerinnen waren leicht irritiert, und einige vermuteten wahrscheinlich, sie säßen in der falschen Veranstaltung, als ich sie folgendermaßen begrüßte: »Ich möchte Sie zu einem besonderen Computerkurs für Fortgeschrittene willkommen heißen.«

Uns ist meist gar nicht klar, wie sehr wir unser Leben durch unser Denken programmieren. Kein Wunder, denn Denken ist uns so vertraut wie Atmen. Schließlich tun wir es den lieben langen Tag. Beobachten Sie sich einmal genau, und Sie werden feststellen, dass Sie permanent innere Selbstgespräche führen, ohne es zu merken. Meist dienen Ihre Gedanken dazu, etwas zu verstehen, den Alltag zu organisieren oder Probleme zu lösen. Deshalb fällt Ihnen wahrscheinlich kaum auf, dass sie darüber hinaus auch eine steuernde Funktion haben und schöpferische Kraft besitzen. Was Sie denken, beeinflusst Ihr Handeln und wie Sie sich fühlen – und damit auch, was Ihnen geschieht.

Diese Erkenntnis finden Sie weltweit in weisen Schriften. So besagt zum Beispiel ein Gesetz der Kahunas, der Heiler von Hawaii: »Die Welt ist so, wie du denkst, dass sie ist.« Damit ist mehr gemeint als nur, dass wir unsere Umgebung wahlweise durch eine rosarote oder dunkle Brille betrachten können. Es besagt, dass wir mit unseren Gedanken unsere persönliche Welt erschaffen.

Wenn Sie etwa denken, die Welt sei voller Gefahren, wagen Sie nichts Neues und verhalten sich so, dass Sie größtmögliche Sicherheit erreichen. Sehen Sie Ihre Umwelt als feindlich an, reagieren Sie aggressiv und rufen dadurch meist genau den Ärger hervor, den Sie erwartet haben. Indem Sie mit sich zufrieden sind, treten Sie selbstsicher auf und erleben daraufhin, dass man Ihnen überwiegend respektvoll begegnet.

Das leuchtet ein, nicht wahr? Also könnten Sie ja nun beschließen: »Ab jetzt werde ich auf meine Gedanken achten und mir eine angenehme Welt erschaffen.« Im Sinne dieser Spielregel wäre das genau richtig. Doch lässt sich das leider nicht einfach per Willenskraft umsetzen. Zunächst ist notwendig, dass Sie sich mit Ihren *angeborenen* und Ihren *gelernten* Denkmustern befassen. Beide bestimmen, wie Sie die Welt betrachten und damit teilweise auch erschaffen.

Sie bringen Ihre Denkart mit

Lange hat man geglaubt, ein Kind käme als unbeschriebenes Blatt zur Welt. Noch in den sechziger Jahren lernte ich als Studentin in Pädagogikvorlesungen, dass die Umwelt entscheidenden Einfluss hat. Unterstützt man bei einem Kind das Sozialverhalten, ergibt das im Endeffekt eine kleine Mutter Theresa. Füttert man es schon im Bauklötzchenalter mit naturwissenschaftlichen Fakten, wird es später auf diesem Gebiet ein Profi. Diese Sichtweise hatte durchaus ihr Gutes, weil sie dazu anregte, Kinder zu fördern. Nur war sie leider zu einseitig. Hätten in der Vorlesung Mütter oder Väter anstelle von uns jungen Dingern gesessen, dann wäre garantiert sofort Einspruch gekommen. Eltern wissen nämlich aus eigener Erfahrung, dass Kinder nicht nur das Produkt ihrer Umgebung sind, sondern selbst schon eine ganze Menge mitbringen.

Inzwischen gibt ihnen die Forschung auf dem Gebiet der Genetik, der Molekularbiologie und der Neurologie Recht. Sie hat erwiesen, dass unsere Persönlichkeit weitaus festgelegter ist als man bisher annahm. Einer der führenden Forscher auf dem Gebiet angeborener Eigenschaften ist der Amerikaner Robert McCrae, Psychologe am National Institute of Aging in Baltimore. Er hat herausgefunden, dass vor allem fünf Bereiche der Persönlichkeit eine erbliche Komponente aufweisen und deshalb ein Leben lang ziemlich stabil bleiben. Diese fünf Persönlichkeitsmerkmale sind von Wissenschaftlern international untersucht und bestätigt worden. Fest liegt demnach, wie ausgeglichen wir gefühlsmäßig sind, wie offen wir für neue Erfahrungen sind, wie umgänglich wir erscheinen, wie gewissenhaft wir uns verhalten und welches Temperament wir besitzen.

Diese Merkmale haben natürlich auch Einfluss auf unser Denken. Wenn Sie ein ernsthafter Mensch sind, dann wird aus Ihnen trotz größter Anstrengung kein unbekümmerter Sponti. Und wenn Sie das Leben auf die leichte Schulter nehmen, dann können Sie sich nicht in eine penible, alle Eventualitäten abwägende Persönlichkeit verwandeln. Versuchen Sie also gar nicht erst, Ihre Art zu denken völlig umzukrempeln.

Trotzdem bedeutet das nicht, dass Sie für immer und ewig zu einem starren Denken und Verhalten verdammt sind. Innerhalb Ihrer ererbten Grenzen sind Sie recht flexibel. Wenn Sie ein besonnener Mensch sind, brauchen Sie keineswegs andere um ihre Leichtigkeit beneiden. Sie können Grübeleien entgegensteuern und in Ihrem Rahmen lockerer werden. Wenn Sie eher spontan sind, sind Sie durchaus in der Lage, sorgfältig nachzudenken, bevor Sie handeln.

In jedem Fall ist es wichtig, dass Sie Ihr Naturell und das damit verbundene Denkmuster erkennen und akzeptieren. Erst dann können Sie seine Stärken nutzen und mit Know-how, Willenskraft und Disziplin mögliche Schwächen ausgleichen.

Ihre angelernten Denkmuster

Unsere Art zu denken ist jedoch nicht nur angeboren, sie wird auch geformt. Schließlich bringen uns andere Menschen ebenso wie das Sprechen auch das Denken bei. Über viele Jahre nehmen wir ungefiltert auf, was uns die Erwachsenen vermitteln. Handelt es sich dabei um gute, unterstützende Dinge, ist das wunderbar. Doch leider wird uns auch viel Negatives vermittelt.

In der Kindheit verfügen wir über keinen Schutzpanzer gegen schädliche Einflüsse. Das liegt unter anderem daran, dass uns Lebenserfahrung und psychologisches Wissen fehlen, um sie richtig einzuordnen. Wir können das, was wir erleben, nur entsprechend unseren Kenntnissen interpretieren. Dabei beziehen wir vieles ganz geradlinig auf uns. So halten wir uns für wenig liebenswert, wenn andere keine Zeit für uns haben oder uns ablehnen.

Annes Eltern zum Beispiel waren noch sehr jung, als sie geboren wurde. Beide steckten mitten in der Ausbildung. Außerdem wollten sie reisen, tanzen gehen, etwas vom Leben haben. Ein Kind passte da nicht ins Konzept. Deshalb gaben sie Anne als Säugling in die Kinderkrippe und später zu ihrer Großmutter, einer strengen Frau. Anne verstand nicht, warum ihre Eltern keine Zeit für sie hatten. Sie fühlte sich überflüssig und ungeliebt.

Ihre Erziehung und Ihre Erlebnisse in der Kindheit und Jugend haben großen Einfluss darauf, wie Sie heute die Welt sehen. Besonders entscheidend ist, welches Selbstwertgefühl Ihnen vermittelt wurde. Gut dran sind Sie, wenn Sie Eltern hatten, die Sie als Kind in Ihrer Entwicklung ermutigten und unterstützten, die an Ihre Fähigkeiten glaubten und Ihnen genügend Freiheit ließen. Wenn Sie dagegen als Kind abgelehnt oder abgewertet wurden, wenn man Ihnen kaum etwas zutraute und Ihnen enge Grenzen setzte, so hatten Sie weit weniger Chancen, ein stabiles Selbstwertgefühl zu entwickeln.

Das damals erworbene Selbstwertgefühl beeinflusst Ihre Gedanken noch, wenn Sie längst schon erwachsen sind. Mit einem starken Selbstwertgefühl rechnen Sie schon vorab damit, dass Sie Erfolg haben werden. Misslingt Ihnen etwas, nehmen Sie das ziemlich locker und sagen sich: »Beim nächsten Mal wird es bestimmt wieder klappen.« Konnten Sie dagegen nur wenig Selbstwertgefühl erwerben, glauben Sie schon von vornherein an Misserfolg und ziehen ihn damit überhaupt erst an. Im Sinne einer sich selbst erfüllenden Prophezeiung verursachen Sie fast immer, was Sie erwarten. Auf diese Weise hindert Sie ein früh gelerntes negatives Denken in der Gegenwart daran, positive Erfahrungen zu machen.

In meine Praxis kommen oft Frauen und Männer, die wissen möchten, wie sie sich bei Vorstellungsgesprächen oder anderen wichtigen Auftritten am besten verhalten sollen. Meist stellt sich schnell heraus, dass meine Klientinnen und Klienten auf ihrem Fachgebiet wirklich gut sind. Doch wenn wir in einem Rollenspiel die Bewerbungssituation simulieren, gelingt es ihnen kaum, das auch zu vermitteln. Ihre Körpersprache und ihre Wortwahl werden von ihrem geringen Selbstwertgefühl bestimmt. So verschränken sie etwa die Arme vor der Brust und signalisieren damit, dass sie ängstlich sind. Oder sie spielen ihre Leistung und ihre Kenntnisse herunter. Kein Wunder, dass ein Personalchef ein unzutreffend negatives Bild von ihnen bekommt und sie ablehnt.

Falls Sie in Ihrer Kindheit schlechte Erfahrungen gemacht haben, ist das noch lange kein Grund zu verzweifeln. Fast immer ist es möglich, das zu korrigieren. Wenn Sie es ohne professionelle Hilfe tun möchten, sollten Sie sich gründlich mit den Fragen beschäftigen:

- Wo und wann denke ich negativ?
- Wie kann ich mein Denken so ändern, dass ich Erfolgserlebnisse habe?

Entdecken Sie Ihre gelernten negativen Denkmuster

Um herauszufinden, wo und wann Sie negativ denken, sollten Sie als Erstes Ihre Glaubenssätze unter die Lupe nehmen. Sie bilden Ihr festes Denkgerüst und sind die Basis, auf der Sie interpretieren, was Ihnen im Leben begegnet. Als Anregung dazu ergänzen Sie bitte die folgenden Satzanfänge, am besten schriftlich. Auf diese Weise finden Sie einen großen Teil Ihrer Glaubenssätze heraus.

- Männer sind …
- Frauen sind …
- Als Frau muss ich …
- Als Mann muss ich …
- Mein Leben ist …
- Der Tod ist …
- Liebe ist …
- Glück ist …
- Die Menschen sind …
- Freundschaft ist …
- Sexualität bedeutet für mich …
- Mein Körper ist …
- Mein Äußeres ist …
- Ich bin …

Prüfen Sie nun, ob sich unter dem, was Sie aufgeschrieben haben, negative Aussagen befinden. Glauben Sie, die Menschen würden immer egoistischer, das Leben sei ein Kampf, Sie seien viel zu dick, Sexualität wäre schlecht oder wahre Freundschaft gäbe es nicht? Dann sind Sie bereits einigen wichtigen negativen Glaubenssätzen auf der Spur.

Erforschen Sie Ihre Gedanken

Sie können Ihre Gedanken auch identifizieren, indem Sie auf Ihre Gefühle achten. Wann immer Sie sich klein, unsicher, niedergedrückt, traurig, deprimiert, wütend, ärgerlich, konfus, panisch oder sonst wie unwohl fühlen, fragen Sie sich: »Wann hat das angefangen?« Fast immer wurde Ihr Gefühl durch einen Menschen oder eine Situation ausgelöst – und dabei war ein Gedanke im Spiel.

Machen Sie diesen ursprünglichen negativen Gedanken dingfest. Lautete er z. B. »Es hat ja doch keinen Zweck«, »Ich bin einfach zu blöd«, »Warum sollten die ausgerechnet mich nehmen«, »Wusste ich doch, dass das schief geht«, »Ich kann nicht mehr«, »Das ändert sich nie«, »Was soll ich nur tun«, »Warum passiert das ausgerechnet mir«, »Keiner liebt mich«, »Ich bin hier doch nur überflüssig«, »Ich sehe ja furchtbar aus«, »Ich schaffe das nicht«, »Die sind viel besser als ich«, »Ich kapiere das nie«.

Durch einen Check Ihrer Glaubenssätze und indem Sie Ihre Gefühle auf auslösende Gedanken zurückführen, erfahren Sie, wann und worüber Sie grundlegend oder aktuell negativ denken. Damit haben Sie die konkrete Basis, auf der Sie etwas verändern können.

Denken Sie um

Unsere negativen Gedanken sind nur deshalb so wirksam, weil wir uns völlig mit ihnen identifizieren und sie für die unbedingte Wahrheit halten. Wir *glauben* nicht nur, etwas nicht zu können – wir *können* es nicht! Wir *urteilen* nicht nur über unsere mangelnde Attraktivität, wir *sind* unattraktiv. Uns ist die Distanz zu unserem Denken verloren gegangen.

Gedanken repräsentieren jedoch keine reinen Tatsachen, sondern basieren, wie Sie inzwischen wissen, überwiegend auf einer angeborenen oder gelernten Sichtweise. Die aber ist niemals objektiv, sondern stellt lediglich eine persönliche Interpretation dar.

Das habe ich oft bei der Beratung von Paaren festgestellt. Wenn eine Frau ihre Sicht einer bestimmten Situation schilderte, klang das meist genauso überzeugend wie die Darstellung ihres Mannes aus seiner Wahrnehmung. Ich wäre wirklich überfordert gewesen, hätte ich als Schiedsrichterin entscheiden müssen, wer von beiden denn nun Recht hat.

Versuchen Sie gar nicht erst herauszufinden, ob Ihre negative Sichtweise berechtigt ist oder nicht. Legen Sie stattdessen einen sinnvolleren Maßstab an. Fragen Sie sich:

- Tut mir dieser Gedanke gut?
- Stärkt er mich?
- Macht er mich fähig?
- Macht er mich glücklich, liebevoll oder mutig?
- Gibt er mir den Impuls, mit Zuversicht an mir zu arbeiten oder eine Situation tatkräftig zu ändern?

Vielleicht wenden Sie nun ein: »Manchmal ist aber doch Skepsis oder Selbstkritik angebracht.« Das stimmt. Trotzdem gilt der obige Maßstab. Es ist nämlich etwas völlig anderes, ob Sie sich z. B. nur herunterziehen: »Da bin ich ja wieder schön ins Fettnäpfchen getreten«, oder ob Sie produktiv denken: »Das ist nun mal passiert. Was kann ich tun, um es beim nächsten Mal zu vermeiden?« Nur der letzte Gedanke bringt Sie weiter.

Schicken Sie jeden Glaubenssatz ebenso wie die aktuellen Gedanken durch den Filter »Nutzt es mir?« Sobald Sie erkennen, dass Ihre Gedanken nicht hilfreich sind, gibt es keinen vernünftigen Grund, weiter an ihnen festzuhalten. Als psychisch gesundem erwachsenen Menschen ist es Ihnen fast immer möglich zu entscheiden, was Sie denken wollen. Es ist also Ihre freie Wahl, ob Sie etwas Förderndes oder Hinderliches denken möchten.

Sollten Sie sich in Zukunft bei einem unproduktiven Gedanken ertappen, sagen Sie sich: »Ich lasse diesen Gedanken jetzt los.« Sie können diesen Vorsatz auch mit einem Bild verstärken. Stellen Sie sich vor, Ihr negativer Gedanke schwebt wie ein Luftballon auf Nimmerwiedersehen in den Himmel. Manchmal hilft auch einfach ein schnelles, energisches »Stop«, um negative Gedanken zu vertreiben.

Ich weiß wohl, dass das oft leichter gesagt als getan ist. Seien Sie deshalb bitte nicht enttäuscht, wenn Sie damit nicht gleich Erfolg haben. Sie befinden sich in bester Gesellschaft. Wir alle trennen uns schwer von unseren negativen Gedanken. Schließlich sind sie uns vertraut und geben uns einen gewissen Halt. Wir lassen sie ungern los, obwohl sie uns quälen. Das zeigt auf humorvolle Weise die folgende kleine Geschichte:

Ein Rabbi fährt im Schlafwagen eines Zuges. Er ist sehr müde und möchte schlafen. Das gelingt ihm nicht, weil ein Mitreisender, der das Bett unter seinem belegt hat, ununterbrochen stöhnt: »Ach, bin ich durstig … ach, bin ich durstig …« Schließlich kann der Rabbi das nicht mehr mit anhören. Er steht auf, macht sich auf den Weg zum Speisewagen und holt dem Durstigen eine Flasche Wasser. Der bedankt sich herzlich und trinkt in vollen Zügen. »Wunderbar«, denkt der Rabbi, »jetzt ist Ruhe.« Kaum hat er sich wieder hingelegt und die Augen geschlossen, hört er ein Stöhnen vom anderen Bett: »Ach, war ich durstig …, ach, war ich durstig …«

Auch wenn Sie es nicht schaffen, sich völlig von einem negativen Gedanken zu befreien, haben Sie durch Ihren Versuch trotzdem etwas gewonnen: Ihnen ist zumindest bewusst geworden, dass dieser Gedanke Ihnen nicht hilft. Allein dadurch verliert er schon ein wenig von seiner Macht. Vielleicht sollten Sie es aber auch noch einmal mit einer anderen wirkungsvollen Methode versuchen:

Benennen Sie Ihre Gedanken um

Was immer Ihnen begegnet, hat zwei Seiten. Es gibt kein Licht ohne Schatten, kein Glück ohne Unglück, keine Liebe ohne Hass, keine Freude ohne Leid, kein Gewinn ohne Verlust. Die Methode, negative Gedanken umzubenennen, beruht darauf, dass Sie Ihre Aufmerksamkeit statt auf die negative auf die positive Seite richten.

Manager nutzen das z. B. gerne, indem sie statt von »Problemen« von »Herausforderungen« sprechen. Nehmen Sie doch einmal dieses Beispiel und lassen Sie beide Wörter nacheinander auf sich wirken. Spüren Sie den Unterschied? Bei dem Wort »Problem« taucht sofort eine Verbindung zu »schwer«, »schwierig«, »Hindernis«, »unlösbar« auf. Bei »Herausforderung« assoziiert man eher »Mut«, »Stärke«, »bewältigen«. Bereits die Umbenennung eines Begriffes aktiviert positive Kräfte.

Sie können sogar komplette Situationen umbenennen. Wie im folgenden Fall: Nach langem Schweigen ruft eine Freundin wieder bei Ihnen an. Misstrauisch denken Sie: »Wieso meldet die sich jetzt? Klar, sie will etwas von mir.« Sie können aber auch denken: »Schön, dass durch diesen Anlass der Kontakt wieder hergestellt wird.« Oder: Sie erhalten eine Einladung, haben aber ausgerechnet an dem Tag keine Zeit. Deprimiert denken Sie: »Natürlich, wenn ich schon mal eingeladen werde, dann kommt garantiert etwas dazwischen.« Umbenannt könnte es so klingen: »Ich freue mich, dass man an mich gedacht hat. Bestimmt klappt es nächstes Mal.«

Auch für Ihr Selbstwertgefühl können Sie die Umbenennung einsetzen. Achten Sie darauf, dass Sie auch dann gut von sich denken und sprechen, wenn Sie etwas falsch gemacht haben. Werten Sie sich nicht ab. Inzwischen achte ich ganz bewusst darauf. Als ich neulich etwas Wichtiges vergessen hatte, wollte ich gerade ärgerlich auf mich schimpfen: »Ich bin aber auch zu blöd.« Als mir das bewusst wurde, korrigierte ich mich schnell: »Ich war unaufmerksam.«

Vorsicht vor einem positiven Dogma!

Wenn ich Ihnen dringend nahelege, Ihr negatives Denken loszulassen, kann leicht der Eindruck entstehen, Sie sollten von nun an
negative Gedanken mechanisch in positive verwandeln, möglichst
noch mit dem Anspruch, dass Ihnen das permanent gelingt. So ist
es keineswegs gemeint.

Eine einseitig positive Haltung lässt sich gar nicht realisieren.
Immer wieder passieren uns Dinge, die uns belasten, traurig oder
wütend machen, und es ist völlig in Ordnung, darauf entsprechend zu reagieren. Wer aus seinem Denken alles Negative ver-
bannen will, muss notwendig scheitern.

Der Psychotherapeut Günter Scheich weist in seinem Buch mit
dem provokanten Titel »Positives Denken macht krank« darauf
hin, dass man sich außerdem noch für sein angebliches Scheitern
selbst verantwortlich macht. Schuldgefühle und Frustration sind
die Folge.[5] Zwingen Sie sich um Himmels willen nicht, ausschließlich positiv zu denken. Sie sollen ja kein Smiley werden, der
sich seine Welt krampfhaft schön denkt. Es geht nur darum, dass
Sie sich durch Ihre Gedanken nicht länger unbewusst und unnötig selbst daran hindern, glücklich und erfolgreich zu sein.

Für sehr ängstliche, von starken Minderwertigkeitsgefühlen ge-
plagte, deprimierte oder durch andere seelische Leiden beein-
trächtigte Menschen ist es ohnehin schwer, aus eigener Kraft zu
einem positiveren Denken zu finden. Die alten Muster sitzen
dann oft zu tief. Hier ist es sicher sinnvoll, die Altlasten mit professioneller Begleitung aufzuarbeiten.

Eine positive Umwandlung Ihrer Gedanken bedeutet auch

nicht, dass Sie dadurch ab sofort erreichen, was Sie wollen. Mit magischem Denken oder Wunschdenken hat das absolut nichts zu tun. Manche Anhänger des Positiven Denkens unterliegen diesem Trugschluss. Sie glauben, dass sämtliche Übel im Leben, wie Krankheit, Versagen im Beruf oder im Umgang mit anderen, allein die Folge negativen Denkens sind. Durch unbedingtes Vertrauen in die eigenen Fähigkeiten und positive Vorstellungskraft soll sich Erfolg garantiert einstellen.

Sicher sind Denken und Imagination wirkungsvolle Kräfte, die wir nutzen sollten. Doch kann sich gerade hier eine dogmatische, unkritische Haltung gefährlich auswirken. Nicht alles ist machbar. Es liegt auch nicht nur am negativen Denken, wenn wir etwas nicht erreichen. Dazu ist das Leben viel zu komplex. Außerdem sind wir vielseitige Menschen und keine auf Optimismus programmierbare Maschinen.

Wenn Sie daran arbeiten, Ihre negativen Glaubenssätze und aktuellen pessimistischen Gedanken loszulassen oder umzudenken, dann bedeutet das lediglich, dass Sie geistige Hindernisse fortschaffen. Die Beschäftigung mit Ihren angeborenen und anerzogenen Gedankenmustern wirkt wie eine innere Reinigung. Einen verstaubten Spiegel müssen Sie ja auch blank putzen, bevor Sie sich klar und deutlich darin sehen können. Erst wenn Sie die Hürde des *unbewussten* negativen Denkens überwunden haben, sabotieren Sie sich nicht länger selbst. Jetzt sind Sie wirklich frei, Ihre Gefühle und Ihr Handeln günstig zu beeinflussen.

Ihr Denken bestimmt, wie Sie sich fühlen

Betrachten wir jetzt einmal, wie Sie Ihre Gefühle positiv steuern können. Mit Ihrem Verstand haben Sie die Möglichkeit, sich in den Himmel oder in die Hölle zu versetzen. Oder, um es in Science-Fiction-Sprache auszudrücken: Durch bloße Gedankenkraft können Sie sich hoch- und runterbeamen. Schon Epiktet wusste: Nicht wie die Dinge sind, ist entscheidend, sondern wie wir sie sehen.

Leider gelingt es uns selten aus dem Stand, uns per Denken in eine gute Stimmung zu versetzen. Besonders nicht in richtig unangenehmen Situationen. Etwa, wenn wir gerade durch eine Prüfung gefallen sind, krank im Bett liegen, unser Partner uns verlassen hat. Oder wenn wir gemobbt werden, einen Unfall hatten, die Arbeitsstelle verlieren. Doch selbst dann können Sie sich in einen besseren mentalen Zustand versetzen, indem Sie zwei besondere Haltungen einnehmen: Hingabe und Dankbarkeit.

Nehmen Sie die Situation an

Angenommen, Sie haben einen ganz wichtigen Termin. Vielleicht eine Kundenpräsentation, von der viel für Sie abhängt. Wochenlang haben Sie auf diesen Tag hingearbeitet. Ausgerechnet in der Nacht vorher erwischt Sie ein Grippe-Virus. Kein Gedanke daran, dass Sie am Morgen das Haus verlassen können. Gewiss sind Sie fix und fertig und fragen sich: »Warum passiert das gerade mir? Warum gerade heute?«

Und das ist noch ein harmloses Beispiel. Denken Sie nur an Eltern, die ihr Kind durch Krebs verlieren. Oder an einen Autofahrer, der nach einem Unfall querschnittsgelähmt bleibt. Oder an ein Paar, das jahrelang sein Haus renoviert hat und erlebt, dass es in einer Nacht bis auf die Grundmauern abbrennt.

Menschen, die so etwas erleben, haben volles Recht, mit ihrem Schicksal zu hadern. Trotzdem gilt: Das Gefühl, unglücklich zu sein, entsteht vor allem durch inneren Widerstand. Würden wir die Situation akzeptieren, vermöchte sie uns nicht halb so stark zu erschüttern.

Hingabe bedeutet, die Gegenwart erst einmal ruhig anzunehmen und sie so zu sehen, wie sie ist, anstatt sich heftig dagegen zu wehren. Verstehen Sie das bitte nicht falsch. Ich will Sie nicht überreden, passiv zu sein oder sich schön brav anzupassen. Hingabe an die Ereignisse bedeutet keineswegs Tatenlosigkeit! Gewiss kennen Sie den Spruch, der Franz von Assisi zugeschrieben wird: »O Gott, gib mir Gelassenheit, die Dinge zu ertragen, die ich nicht ändern kann. Gib mir Mut, die Dinge anzupacken, die ich ändern kann. Und gib mir Weisheit, beides voneinander zu unterscheiden.« In diesem Sinne kann Hingabe durchaus mit handfesten Aktivitäten verbunden sein. In jedem Fall bewirkt sie, dass Sie sich nicht noch zusätzliche Schmerzen zufügen. Hingabe hilft Ihnen, inneren Frieden zu finden.

Es gibt beeindruckende Beispiele dafür, dass es tatsächlich möglich ist. Solange es ganz »normale« Menschen schaffen, in einer schweren Lage Hingabe zu praktizieren, ist das ein überzeugender Beweis.

Vor einiger Zeit fuhr ich nach einem Vortrag mit der Veranstalterin nach Hause. Unterwegs erzählte sie mir von einer Verwandten, die an multipler Sklerose leidet. Den ganzen Tag liegt sie im Bett und hat große Schmerzen. Die meisten Menschen in ihrer Lage wären bestimmt verbittert und abweisend. Zu dieser Frau jedoch kommen viele, auch junge Menschen, ausgesprochen gerne. »Von ihr geht jeder innerlich beschenkt und bereichert fort«, berichtete mir meine Gesprächspartnerin. »Sie klagt nicht, sondern interessiert sich für andere und macht ihnen Mut.«

Tief beeindruckt hat mich auch ein Beispiel, das ich vor kurzem in der »Zeit« las: Tom, heute Richter und Vater von zwei Kindern, wurde mit sechzehn Jahren durch einen unverschuldeten Motorradunfall blind. Doch anstatt sich über sein grausames Schicksal zu beklagen, ging er es mutig an. Er lernte die Blindenschrift, machte das Abitur und studierte Jura. Nach nur vier Semestern hatte er sämtliche Scheine für die Prüfung zusammen, schneller als seine sehenden Kommilitonen. Auch in seiner Freizeit war er aktiv und renovierte ein altes Holzhaus, das er gekauft hatte. Nach dem Examen heiratete er seine Freundin und bekam mit ihr zwei Kinder. Wenig später wurde er als Richter ans Zivilgericht berufen. Mit Hilfe eines Sprachcomputers, der ihm die Akten vorliest, bewältigt er seine Arbeit hervorragend. Doch er ist noch für ganz andere Überraschungen gut: Er hat sein Motorrad repariert und sich sein Traumauto angeschafft. Mit Begleitung fährt er auf eingeschränkten Strecken und genießt das Fahrgefühl. Dass er nicht sehen kann, kompensiert er mit anderen Sinnen. Sein Kommentar zu seiner Blindheit: »Sehen lenkt eher vom Wichtigen ab.«

Diese lebensbejahende, positive Hingabe an die Situation ist bewunderungswürdig und ganz gewiss nicht die Norm. Und doch: Hingabe ist jedem von uns möglich. Sie setzt voraus, dass wir umdenken und die Situation nicht länger negativ interpretieren. Auf die Sichtweise kommt es an.

Sind Sie bereit, dazu ein kleines Experiment zu machen? Dann schließen Sie bitte die Augen. Stellen Sie sich in allen Einzelheiten ein unangenehmes Erlebnis vor, das Sie in letzter Zeit hatten z. B. einen Streit, eine stressige oder peinliche Situation. Lassen Sie sich noch einmal ganz darauf ein. Öffnen Sie dann wieder die Augen. Was haben Sie bei dieser Vorstellung erlebt? Ich vermute, Sie haben sich ähnlich schlecht gefühlt wie damals, als es passierte.

Und nun stellen Sie sich die gleiche Situation erneut vor, doch diesmal unter einem anderen Blickwinkel: Sie sind die Lieblingsschülerin oder der Lieblingsschüler eines weisen Lehrers. Er hat dieses Ereignis speziell für Sie kreiert, damit Sie etwas Wichtiges daraus lernen können. Während Sie das Erlebnis vor Ihrem inneren Auge ablaufen lassen, achten Sie bitte genau darauf, was Sie daraus lernen können. Ziehen Sie ein Fazit für Ihr zukünftiges Verhalten.

Wenn Sie die beiden Arten, mit dem Erlebnis umzugehen, vergleichen, werden Sie feststellen: Die erste ist völlig unfruchtbar. Sie verursacht lediglich schlechte Empfindungen. Sie fühlen sich schuldig, blamiert, gekränkt oder verärgert. Bei der zweiten Sichtweise erhält die Situation einen Sinn. Sie dient Ihrer Entwicklung. Dadurch erscheinen die Umstände nicht länger negativ, sondern förderlich. Schließlich hätten Sie ohne diese Situation etwas Wichtiges nicht gelernt.

Der amerikanische Autor Paul Ferrini drückt das Ergebnis in einer Form aus, mit der sicher vor allem gläubige Menschen etwas anfangen können. Doch vielleicht spricht seine Überlegung auch diejenigen an, die generell einen Sinn in ihrem Leben sehen: »Jedes Mal, wenn du eine anscheinend schlechte Nachricht erhältst, solltest du bedenken: Würde Gott dir ein fragwürdiges Geschenk machen? Lass dich nicht durch die Verpackung irritieren, sondern öffne das Geschenk mit offenem Herzen. Und wenn du seine Bedeutung noch nicht verstehst, sei still und warte ab. Gott macht keine fragwürdigen Geschenke.«[6]

Meist erkennen wir das Geschenk erst nach einer Weile, wenn es sich in unserem Leben auswirkt. Schauen Sie einmal zurück und überlegen Sie, was aus den Krisen, über die Sie damals so verzweifelt waren, geworden ist. Ich vermute, dass Sie heute sehen können, wie viel Positives sich daraus ergeben hat. Sich einer Situation hinzugeben bedeutet, ihr Gutes nicht erst auf Distanz wahrzunehmen, sondern es voll Vertrauen bereits in der Gegenwart zu erkennen.

Seien Sie dankbar

Dankbarkeit ist ein weiterer Königsweg, über das Denken eine glückliche Gemütslage zu erreichen. Ebenso wie Hingabe richtet Dankbarkeit ihre Aufmerksamkeit auf die positiven Aspekte Ihres Lebens.

Auf was sind Sie im Moment eingestellt? Wenn wir ehrlich sind, quellen wir nicht gerade vor Dankbarkeit über. Schließlich finden wir täglich gute Gründe dafür, uns zu beklagen.

Sie fahren jeden Morgen im Stau zu einer Arbeit, die Sie nicht sonderlich lieben. Ihr Kind schreibt in letzter Zeit lauter schlechte Noten. Die Steuerforderung flattert Ihnen auf den Schreibtisch und Ihr Gespartes reicht gerade, um sie zu bezahlen. Sie spazieren durch das Villenviertel Ihrer Stadt. Die Traumhäuser dort sind kein Vergleich zu Ihrer Mietwohnung. Ihre Freundin schwärmt davon, wie liebevoll und aufmerksam ihr Freund ist, und Ihr Mann hat Ihnen schon seit einem halben Jahr kein Kompliment mehr gemacht.

Sicher kommen da eher Neid und Wut als Dankbarkeit auf. Wenn wir uns mit anderen vergleichen, schneiden wir meist schlechter ab – besonders wenn wir dabei nach oben schauen. Immer gibt es jemanden, der schöner, reicher, klüger, beliebter ist als wir. Warum also sollten wir dankbar sein? Das Leben ist uns wirklich noch einiges schuldig.

Dankbarkeit ist deshalb so wichtig, weil sie Ihnen eine Erfahrung von Fülle vermittelt. Undankbarkeit dagegen verstärkt Ihre Wahrnehmung von Mangel. Machen Sie selbst einmal die Probe aufs Exempel:

Überlegen Sie, womit Sie unzufrieden sind und was Ihnen alles fehlt. Gehen Sie dabei sämtliche Bereiche durch: Arbeit, Finanzen, Aussehen, Wohnen, Erfolg, Liebe, Partnerschaft, Freundschaft. Gewiss finden Sie eine Menge Unzulänglichkeiten. Horchen Sie anschließend in sich hinein. Wie fühlen Sie sich? Ich bin sicher, nachdem Sie sich die Mängel bewusst gemacht haben, haben Sie richtig schlechte Laune. In Ihnen ist das Bild entstanden, dass Sie zu wenig Geld haben, nicht gut genug aussehen, zu wenig geliebt werden, dass Sie bessere Freunde verdienen, dass sich längst nicht der gewünschte Erfolg eingestellt hat und Ihre Arbeit im Grunde zu stressig oder langweilig ist. Auf diese Weise haben Sie soeben ein Mangelbewusstsein produziert.

Nun machen Sie bitte die Gegenprobe. Am besten tun Sie das sogar schriftlich. Schreiben Sie alle großen und kleinen Dinge auf, für die Sie dankbar sein können. Berücksichtigen Sie bitte auch hier sämtliche Lebensbereiche. Schauen Sie anschließend, wie Sie sich fühlen. Ich bin sicher, jetzt geht es Ihnen wesentlich besser. Sie haben sich nämlich auf Überfluss und Fülle konzentriert.

Dankbar zu sein versetzt Sie nicht nur in eine bessere Stimmung, sie schenkt Ihnen auf die Dauer auch mehr Selbstsicherheit und Lebensfreude. Von daher lohnt es sich, das Denken auf Dankbarkeit einzustellen. Weil wir jedoch sehr leicht wieder in Undankbarkeit, in Neid, Enttäuschung und Versagensgefühle zurückfallen, ist es sinnvoll, Dankbarkeit als feste Übung in den Alltag einzubauen.

Beginnen Sie den Tag mit Dankbarkeit. Während Sie noch im Bett liegen, denken Sie an die Dinge, für die Sie heute dankbar sein können. Falls Ihnen auf Anhieb nichts einfällt, danken Sie einfach für die »Basics«. Zum Beispiel, dass Sie ein Dach über dem Kopf haben, Kleidung besitzen, genug zu essen haben und Menschen kennen, die Sie lieben.

Und nun die Abendübung: Machen Sie abends emotionalen Kassensturz. Lassen Sie den Tag noch einmal Revue passieren. Erinnern Sie sich an das, was Ihnen gut gelungen ist und worüber Sie sich gefreut haben. Noch effektvoller ist es, wenn Sie das schriftlich tun. Kaufen Sie sich ein schönes Heft, und schreiben Sie »Erfolgstagebuch« auf die erste Seite. Hier notieren Sie abends mit Datum, wofür Sie an diesem Tag dankbar sein können, kleine ebenso wie große Dinge. Vielleicht haben Sie sich über ein Kompliment gefreut, Ihnen ist ein guter Geschäftsabschluss gelungen, beim Einkauf haben Sie ein Schnäppchen gemacht, Ihr Chef hat Sie vor dem ganzen Team gelobt, Ihnen ist eine gute Idee gekommen, oder Ihr Kind hat Sie liebevoll umarmt. Die schriftliche Form hat den Vorteil, dass Sie immer mal zurückblättern und schwarz auf weiß nachlesen können, was Ihnen jeder Tag Gutes gebracht hat – sogar in Zeiten, die Ihnen ohne diese Übung nur negativ in Erinnerung geblieben wären.

Beide Übungen helfen Ihnen, das Gute in Ihrem Leben bewusst wahrzunehmen. Meist nehmen wir das nämlich als ganz selbstverständlich hin. Erst wenn etwas nicht funktioniert, merken wir, wie gut wir es gehabt haben. Davon können alle diejenigen ein Lied singen, die körperlich beeinträchtigt sind oder einen Verlust erlitten haben. Auf diese spezielle Anregung zur Dankbarkeit sollten Sie jedenfalls nicht warten.

Schließlich gibt es noch eine dritte wirkungsvolle Möglichkeit, den Blick auf das Positive in Ihrem Leben zu lenken und es damit vermehrt anzuziehen:

Segnen Sie alles Gute

Wenn Ihnen am Tage etwas begegnet, das Ihnen schön, klug, gut oder sonst wie lobenswert erscheint, so segnen Sie es still. Dabei spielt es keine Rolle, ob es sich um einen Menschen, ein Tier, eine

Pflanze, einen Gegenstand, eine Tat oder eine Situation handelt. Sagen Sie sich z. B.: »Ich segne dich für deine Schönheit«, »Ich segne dich für deine Fülle«, »Ich segne dich für deinen Reichtum«.

Für uns ist Segnen eng mit religiösen Praktiken verbunden, so dass Sie jetzt vermutlich glauben, dieser Hinweis stamme daher. Doch das ist nicht der Fall, jedenfalls nicht ausschließlich. Den Rat, alles Gute zu segnen, habe ich von Serge Kahili King, einem Amerikaner, der sich auf Hawaii zum Heiler ausbilden ließ. In der Huna-Lehre, die er vertritt, wird dem Segen große Wirkung zugesprochen. Serge King versichert, dass sein Leben reicher und glücklicher geworden ist, seit er diese besondere Form des Denkens nutzt.

Tatsächlich mutet die Methode des Segnens zunächst magisch an. Sie ist jedoch durchaus rational zu erklären: Ihr Wunsch zu segnen richtet Ihre Aufmerksamkeit auf das, was Ihren Segen verdient. Anstatt Neid zu entwickeln, betrachten Sie das jeweilige Objekt wohlwollend. Auf diese Weise versetzen Sie sich in eine angenehme Gemütsverfassung. Die wiederum schafft die beste mentale Voraussetzung dafür, dass Sie selbst erhalten, was Sie segnen.

Probieren Sie es einmal aus. Nach meiner Erfahrung ist es sehr wirksam. Dabei sind Ihrem Segen keine Grenzen gesetzt. Sie können den Regen segnen, der die Erde tränkt. Sie können den starken Wind für seine Kraft segnen. Sie können die Nahrung für ihren Wohlgeschmack segnen. Segnen Sie vor allem an anderen Menschen, was Sie selbst gerne hätten. Wenn Sie schlank sein möchten, segnen Sie im Schwimmbad diejenigen, die im Bikini eine Traumfigur zeigen. Wenn Sie reich sein wollen, dann segnen Sie an der Ampel den Mann im Mercedes-Cabrio oder die Bewohnerin im Garten der Nobelvilla, an der Sie gerade vorbeiradeln. Segnen macht Sie ebenbürtig und verstärkt, ebenso wie Dankbarkeit, das Gefühl von Überfluss. Da Sie im Rahmen der sich selbst erfüllenden Prophezeiung meist anziehen, was Sie denken, bereiten Sie auf diese Weise fruchtbaren Boden.

Ihr Denken kontrolliert Ihr Handeln

Nachdem Sie Ihre Gefühle über Ihr Denken positiv beeinflusst haben, sind Sie gewiss in bester Verfassung, um Denken und Handeln sinnvoll miteinander zu verbinden. Denken und Handeln müssen wie Zahnräder ineinander greifen, wenn Sie Erfolg haben möchten. Denken ohne Handeln bleibt ein Tagtraum, Handeln ohne Denken ist blinder Aktionismus. Bereiten Sie deshalb Ihre Tätigkeit in Gedanken gründlich vor.

Der erste Schritt besteht darin, sich ein Ziel zu setzen. Ziele sind letztlich nichts anderes als Ergebnisse, die Sie gedanklich vorwegnehmen. Wie man sich richtig Ziele setzt, können Sie detailliert in jedem Ratgeber aus dem Bereich Leistung und Beruf nachlesen. Darüber müssen wir hier nicht ausführlich sprechen. Doch auf wichtige Aspekte, die mit Ihrem Denken zu tun haben, möchte ich Sie aufmerksam machen.

Machen Sie Ihre Ziele von anderen unabhängig

Oft formulieren wir unsere Ziele unbewusst mit Blick auf andere Menschen. Wir nehmen uns etwa vor: »Ich will einen beeindruckenden Vortrag halten«, »Ich will die Beste im Englischkurs sein«, »Meine Party soll ein voller Erfolg werden«. Diese Art von Zielsetzung bezieht die Reaktion anderer in den Erfolg mit ein. Sie sollen uns loben, gut finden, bewundern, bestätigen, uns ein Zertifikat oder einen Preis verleihen, uns mehr Geld geben oder Ähnliches. Daran lesen wir ab, ob wir unser Ziel erreicht haben. Schaffen wir es, das gewünschte Ergebnis zu erhalten, sind wir stolz und zufrieden. Gelingt es uns nicht, sind wir frustriert, enttäuscht und bewerten unsere Anstrengung als Misserfolg.

Für Ihr Glück und Ihren Erfolg ist diese Denkweise ziemlich gefährlich, weil beides damit auf wackeligen Füßen steht. Über andere Menschen haben Sie keine Kontrolle. Außerdem können unerwartete Ereignisse Ihre Erwartung jederzeit zunichte machen.

Vielleicht wird Ihre Party ein Flop, weil die Gäste schlechte Laune mitbringen oder zu viel trinken. Oder zu Ihrem wunderbaren Vortrag kommt gerade mal eine Hand voll Zuhörer, weil parallel eine andere interessante Veranstaltung stattfindet. Es ist illusorisch zu glauben, wir hätten auf ein Ergebnis hundertprozentig Einfluss.

Diese Erkenntnis hat mich übrigens vor Jahren eine Million Mark Lehrgeld gekostet. Damals überredete mich der Besitzer einer PR-Agentur, für eine große Krankenkasse ein Buch über Partnerschaft zu schreiben. Eigentlich hatte ich weder Zeit noch

Lust dazu. Er verstand es jedoch, mich mit der riesigen Mitgliederzahl der Krankenkasse zu locken. Seine Rechnung klang überzeugend: Wenn nur ein Bruchteil davon mein Buch kaufen würde, wäre ich Millionärin. Im Geiste sah ich mich schon als Dauerurlauberin auf den Seychellen. Also schrieb ich das Buch. Und was passierte? Nachdem die erste Auflage gerade frisch gedruckt war, änderten sich die Bedingungen in unserem Gesundheitswesen. Die Krankenkassen wurden strikt angewiesen, Leistungen, die nicht direkt mit Gesundheit zu tun hatten, einzustellen. Das Buch wurde nie verkauft und ist wahrscheinlich inzwischen eingestampft. Hätte ich nicht beim Schreiben Spaß am Thema gewonnen, würde ich mich noch heute ärgern.

Nur auf das Ergebnis zu spekulieren ist wie ein Roulettespiel. Es geht um alles oder nichts. Sie können gewinnen, aber ebenso gut können Sie verlieren. Dann ist Ihr Einsatz in Ihren Augen verloren, und Sie betrachten sich als erfolglos. Deshalb sollten Sie in jedem Fall eine andere Denkart wählen.

Denken Sie aktionsorientiert

Anstatt sich also auf das Endergebnis zu fixieren, befassen Sie sich lieber mit den Aktivitäten, die dort hinführen. Im Fachjargon nennt man das »aktionsorientiert«. Konzentrieren Sie sich darauf, Ihre Arbeit so gut wie möglich zu machen.

Der Sportpsychologe Shane Murphy, der schon viele Athleten für Olympia trainiert hat, bestätigt, wie sinnvoll es ist, sich gedanklich voll und ganz auf die Maßnahmen zu konzentrieren, die zum Ziel führen sollen. Als Beispiel dafür nennt Murphy die siebzehnjährige Leistungsschwimmerin Stephanie. Sie hatte sich in den Kopf gesetzt, sich für die Olympiamannschaft zu qualifizieren. Zunächst war Murphy versucht, das junge Mädchen dazu zu bringen, ihr Ziel doch lieber etwas herunterzuschrauben, weil sie sich bisher nicht besonders hervorgetan hatte. Doch Stephanie hatte sich bereits einen Plan zurechtgelegt. Sie setzte sich klare Tages-, Wochen- und Monatsziele und bemühte sich nach Kräften, diese zu erreichen. Abends, wenn sich die anderen Sportlerinnen längst in ihren Unterkünften entspannten, trainierte sie noch alleine im Fitnessraum. Sie war gewöhnlich schon in aller Herrgottsfrühe im Schwimmbecken, um ihre Zeiten zu verbessern und ihre Ausdauer zu steigern. Dabei kontrollierte sie in Gedanken immer wieder, ob sie auch das Richtige tat. Wenn sie nicht sicher war, fragte sie ihren Trainer. Diese Mischung aus Denken und Handeln brachte sie ans Ziel. Obwohl ihr zu Anfang niemand eine solche Leistung zugetraut hatte, bekam sie einen Platz im Olympischen Team.[7]

Wenn Sie aktionsorientiert denken und handeln, werden Sie nicht erst durch das Ergebnis belohnt, sondern schon durch die gelungene Tätigkeit auf dem Weg dorthin. Sie sehen, auch hier stoßen wir wieder auf den berühmten Zen-Spruch »Der Weg ist das Ziel«. Was Sie auf diese Art erreichen, kann Ihnen niemand mehr nehmen. Weil Sie Ihr Bestes geben, haben Sie *in jedem Fall* Erfolg und fühlen sich glücklich.

Interessanterweise stellt sich das gewünschte Endergebnis meist tatsächlich ein. Schließlich ist aktionsorientiertes Denken und Handeln der beste Weg dorthin. Freuen Sie sich darüber, aber machen Sie sich niemals davon abhängig.

Nutzen Sie die Kraft produktiven Denkens

Der Philosoph Martin Buber nannte einmal in einer Rede den Arzt Albert Schweitzer einen »Realisten des Geistes«.[8] Diese Bezeichnung möchte ich für die Bedeutung Ihrer Gedanken umformulieren: Ihr Denken ist eine geistige Realität.

Ich hoffe, Sie sind inzwischen davon überzeugt, dass Ihre Gedanken eine viel weitreichendere Funktion besitzen als nur, sachlich Probleme zu lösen oder den Alltag zu organisieren. Sie sind die Voraussetzung für Ihre Lebensfreude, für Ihr Glück und für Ihren Erfolg. Verschenken Sie Ihre mentale Energie nicht, indem Sie an unproduktiven Gedankenmustern haften. Nutzen Sie die wunderbaren Möglichkeiten, die Ihnen Ihr Denken bietet.

Vierte Spielregel:
Öffnen Sie sich anderen Menschen

Sie sitzen im Casino am Roulettetisch. Soeben haben Sie Ihre ge-
samten Ersparnisse in Jetons umgetauscht und überlegen nun, ob
Sie sie auf Rot oder Schwarz setzen sollen.

Ähnlich riskant ist diese Spielregel. Wenn Sie sie anwenden,
können Sie viel verlieren: Ihr Image, Anerkennung und Bewunderung. Sie können aber auch einen großen Gewinn machen: Liebe,
Freundschaft, ein tiefes Gefühl der Verbundenheit. Sind Sie bereit,
das Wagnis einzugehen? Sie müssen sich nicht sofort entscheiden.
Lassen Sie uns erst einmal die Bedingungen betrachten.

Kontaktfreude ist nicht gleich Offenheit

Zuerst einmal möchte ich ein mögliches Missverständnis klären.
»Sich anderen Menschen öffnen« wird leicht mit Kontaktfreude
verwechselt.

Ich habe schon viele Menschen kennen gelernt, die als offen
gelten, im Grunde aber nur kontaktfreudig sind. Wie meine ehemalige Kommilitonin Gudrun. Als wir uns vor einiger Zeit zufällig im Bus wiedertrafen, erzählte sie mir im Zeitraffer ihr Leben

der vergangenen Jahre. Vor mindestens zehn interessiert lauschenden Mitfahrenden breitete sie ihre Liebesaffären und ihre beruflichen Erfahrungen aus. Als sie schließlich auffordernd fragte: »Und wie ist es dir denn so ergangen«, wohl in der Erwartung, dass ich jetzt ebenfalls aus dem Nähkästchen plaudern würde, rettete ich mich mit ein paar neutralen Aussagen und war heilfroh, als wir uns der Haltestelle näherten.

Sicher kennen auch Sie Menschen, die über Gott und die Welt reden, dabei keine Intimitäten aussparen, und dennoch nicht offen sind. Was sie wirklich bewegt, erfährt man nicht. Im Gegenteil, sie nutzen ihre Kontaktfähigkeit, um genau das zu verschleiern.

Tatsache ist andererseits aber auch, dass Kontaktfreude den Weg zur Offenheit leichter machen kann. Wer nicht mühsam nach Worten ringt und gerne auf andere zugeht, der hat zugegeben bessere Karten. Leider aber haben wir auf das Maß unserer Kontaktfreude kaum Einfluss.

Die Natur gibt von Schüchternheit bis Kontaktfreude ein breites Spektrum vor. Schauen Sie sich nur einmal unter den Menschen um, die Ihnen nahe stehen. Sie werden genügend Beweise dafür finden.

Ich kann dazu eine persönliche Langzeitstudie beisteuern: Unser Sohn Felix fischte schon in zartem Alter von Fremden, die interessiert in seinen Kinderwagen äugten, das Kompliment: »Das ist aber ein freundliches Baby«, weil er jeden neugierig anstrahlte. Tatsächlich hat er bis heute kein Problem damit, unbefangen auf Leute zuzugehen. Das ist keine Frage der Erziehung, sondern eindeutig seine Art. Wir Eltern sind eher damit beschäftigt, das Energiebündel etwas zu bremsen.

Im Blick auf unterschiedliche Naturelle sprechen wir oft von einer introvertierten, d. h. nach innen gekehrten, oder einer extrovertierten, nach außen gerichteten, Persönlichkeit. Was genau darunter zu verstehen ist, zeigen unter anderem psychologische Tests: Probanden mit einem hohen Wert im Bereich »Extraversion« werden als gesellig, gesprächig, optimistisch und personenorientiert beschrieben. Introvertierte Persönlichkeiten erscheinen zurückgezogen, ruhig, vorsichtig und nachdenklich. Natürlich gibt es auch Mischformen, die jedoch meist deutlich zu einer der beiden Richtungen tendieren.

An dieser Grundausstattung lässt sich kaum etwas ändern. Carl Rogers, Begründer der Gesprächstherapie, äußerte noch mit siebzig Jahren in einem Interview: »Ich bin ein schüchterner Mensch und werde es wohl auch bis zum Ende meiner Tage bleiben.« Das sagte immerhin ein Mann, der im Laufe seines Lebens mit tausenden von Menschen intensiv gearbeitet hat, dessen öffentliche Vorträge kaum zu zählen sind und der internationale Beziehungen pflegte.

Offenbar müssen wir uns mit der Portion Kontaktfreude, die uns zugeteilt wurde, abfinden. Alles andere wäre Krampf. Oder können Sie sich vorstellen, dass ein Sonnyboy wie der Entertainer Thomas Gottschalk täglich eisern trainiert und dann mutterseelenallein alle Achttausender besteigt? Oder dass ein einsamer Wolf wie der Bergsteiger Reinhold Messner spritzig eine Show moderiert? Selbst wenn sich jeder von beiden richtig Mühe gäbe, wäre das Ergebnis bestimmt nur mittelmäßig. Mal ganz davon abgesehen, welche Qual der Rollentausch bedeuten würde.

Akzeptieren Sie es besser gleich: Als extrovertierte Persönlichkeit werden Sie Ihr Herz eher auf der Zunge tragen, als introvertierte verstecken Sie es gerne ein wenig. Doch welches Naturell Sie auch haben – es ist lediglich eine günstige oder ungünstige Rahmenbedingung für Ihre Offenheit. Was die Offenheit selbst angeht, so ist der Start für uns alle gleich: Wir kommen offen zur Welt.

Was es bedeutet, offen zu sein

Bisher haben wir noch nicht definiert, was es eigentlich bedeutet, sich anderen Menschen zu öffnen. In einem Satz lässt sich das schwer beantworten. Deshalb möchte ich es Ihnen mit einer Phantasieübung vermitteln:

Stellen Sie sich vor, Sie haben zu einem Menschen – sei es ein Mann oder eine Frau – großes Vertrauen. Sie wissen, Sie werden bedingungslos geliebt und mit Ihren Stärken und Schwächen gleichermaßen akzeptiert. In den Augen Ihres Gegenübers können Sie gar nichts falsch machen. Sie dürfen ihm ohne Angst vor Kritik erzählen, was Sie denken und fühlen, was Sie getan haben, wovon Sie träumen. Weder müssen Sie sich Zuneigung verdienen, noch sollen Sie irgendeinem Bild entsprechen. Ihr vertrauter Mensch erkennt Ihr wunderbares Potential und behandelt Sie mit Achtung. Trotz aller Liebe brauchen Sie keine Angst davor zu haben, dass er Sie an sich bindet oder ausnutzt.

Fragen Sie sich nun: »Was würde ich diesem Menschen von mir anvertrauen, das andere bisher von mir nicht erfahren haben?« Nehmen Sie bewusst wahr, welche Antwort in Ihnen auftaucht.

Vielleicht: Ihre Sehnsüchte, Ihre Träume, Ihre Versagensängste, Ihre Größenphantasien, Ihre sexuellen Wünsche, Schuldgefühle, Fehler aus der Vergangenheit, Familiengeheimnisse, Ihre Zukunftspläne, verrückte Ideen, Wut, Eifersucht, Rachegefühle, Depression, Abneigungen, Bequemlichkeit, dass Sie sich einsam fühlen, dass Sie ungeschminkt fade aussehen, dass Sie Angst vor dem Alter oder dem Tod haben. Möglicherweise offenbaren Sie Ihre Liebesfähigkeit, Ihre Talente, Ihre Sensibilität, Ihre Zärtlichkeit, Ihre wahre Größe, Ihre Einmaligkeit, Ihr gutes Herz.

Kurz gesagt: Sie würden sich komplett so zeigen, wie Sie sind. Sie würden keine Vorauswahl treffen, nichts bewusst verbergen, keine Maske aufsetzen. Genau das ist Offenheit in ihrer reinsten Form.

Sie glauben, das sei ein Idealbild und damit völlig unrealistisch? Dann möchte ich Sie daran erinnern, dass es eine Zeit gab, in der Sie diesem Ideal weitgehend entsprochen haben:

Sie gingen ganz selbstverständlich davon aus, dass Sie liebenswert waren. Warum also sollten Sie etwas verbergen? Sie zeigten die ganze Bandbreite Ihrer Gedanken und Gefühle. Jeder durfte wissen, dass Sie sich ärgerten, langweilten, hungrig oder wütend waren, keine Lust zum Teilen hatten und sich allmächtig fühlten. Sie sagten deutlich, was und wen Sie ablehnten, wen Sie liebten und was Sie unbedingt haben wollten. Sie fragten ohne Hemmungen. Sie sahen jeden neugierig an und nahmen ihn so, wie er war. Sie waren rückhaltlos offen.

Wann das gewesen ist? Als Sie ein kleines Kind waren. Sie sind nämlich mit dieser wunderbaren Offenheit auf die Welt gekommen.

Es würde mich aber keineswegs wundern, wenn Sie sich kaum noch daran erinnern können. Diese totale Offenheit dauert nämlich nur kurz. Recht schnell beginnt die Umgebung, sie einzuschränken.

Offenheit wird früh eingeschränkt

Eines ist nun mal sicher: Es gibt keinen Menschen, der andere so bedingungslos akzeptiert und fördert, wie Sie es sich in der obigen Phantasieübung vermutlich vorgestellt haben. Ich möchte sogar behaupten, dass Sie schon mächtig Glück hatten, wenn Ihre Eltern, Kindergärtnerinnen und Lehrer wenigstens Züge davon aufwiesen. Die wenigsten von uns sind in einem seelischen Paradies aufgewachsen. Ich vermute eher, dass es Ihnen früher wie den meisten Kindern ergangen ist:

Ihre Gefühle wurden weggeredet: »Sei nicht albern, der Hund tut dir doch nichts«, »Ein großer Junge weint nicht«. Ihr Wille wurde gebrochen. Etwa indem Sie sich entschuldigen mussten, auch wenn Sie Ihr Unrecht nicht einsahen: »Geh sofort in dein Zimmer und komm erst raus, wenn du wieder lieb bist!« Später hieß es dann: »So lange du deine Füße unter meinen Tisch stellst, tust du, was ich dir sage.« Ihre Vorstellungen von der Zukunft wurden als Flausen abgetan: »Lern du erst mal etwas Anständiges!« Unüberlegtes, autoritäres oder unsensibles Verhalten führte dazu, dass Sie sich zurücknahmen und vieles gar nicht mehr zeigten.

Es gab sicher auch noch einen weiteren Grund, Ihre Offenheit einzuschränken: Die gute Erziehung. Die verlangte, dass Sie nicht ungefiltert alles herausposaunten, was Sie bewegte. Sie lernten, freundlich zu sein, auch wenn Sie jemanden nicht leiden mochten. Sie stimmten anderen zu, obwohl Sie ihre Meinung ablehnten. Sie griffen nicht gierig nach dem größten Stück Kuchen, sondern gaben sich rücksichtsvoll und bescheiden. Sie übernahmen die Meinung Ihrer Familie im Blick auf andere Menschen.

Wieso ich das von Ihnen behaupte? Weil wir fast alle diesen Einflüssen ausgesetzt waren. Es wäre ein Wunder, wenn Sie davon ausgenommen gewesen wären. Für die meisten von uns gilt: Noch bevor wir das Elternhaus verlassen, ist unsere angeborene Offenheit ein gutes Stück eingeschränkt. Wir haben gelernt, dass wir besser nicht alles von uns zeigen.

Sobald wir erwachsen sind, geht dieser Prozess auf freiwilliger Basis weiter. Ich nehme an, auch Sie haben inzwischen die Zurückhaltung, die Ihnen vermittelt wurde, weiter perfektioniert. Prüfen Sie doch einmal selbst, was für Sie zutrifft:

Sie haben immer besser gelernt, sich taktisch geschickt zu verhalten. Sie verbergen Ihre vermeintlichen oder tatsächlichen Schwächen und zeigen das, was man von Ihnen erwartet. Im sozialen Leben nennen Sie das »Höflichkeit«, im Beruf »sich gut verkaufen« oder »Selfmarketing«. Sie arbeiten an Ihrem Image, das Sie möglichst souverän gestalten. Sie glauben, dass Sie sich bloßstellen, wenn Sie offen sind.

Ist das bei Ihnen der Fall, befinden Sie sich in bester Gesellschaft. Oft habe ich in meiner Praxis den Satz gehört: »Wenn die anderen wüssten, wie ich wirklich bin, dann würden sie sich von mir abwenden.« Wir verstecken bewusst unseren »Schatten«, wie es C. G. Jung nennt, damit uns andere nicht negativ beurteilen.

Nicht nur Imagepflege, auch schlechte Erfahrungen können Sie dazu bringen, sich in der Gegenwart zu verschließen. Manchmal reichen schon relativ harmlose Ereignisse, zum Beispiel wenn einen die Umgebung nicht mit offenen Armen empfängt. Als ich damals für meine Referendarzeit aus der Großstadt an ein dörfliches Gymnasium versetzt wurde, beäugte man mich zunächst ziemlich misstrauisch und bedachte mich wegen meiner farbenfrohen Aufmachung mit dem nicht gerade freundlichen Spitznamen »Die große Bunte«, in Anspielung an ein bekanntes Boulevardblatt. Prompt klappte ich zu wie eine Auster.

Schlimmer ist es gewiss, wenn Sie von Menschen betrogen worden sind. Wer zu naiv und vertrauensvoll auf andere zugeht, kann leicht enttäuscht werden. Kürzlich bemerkte eine Teilnehmerin in einem Seminar ziemlich bitter: »Früher war ich ein offener, lebhafter Mensch. Ich war großzügig, habe gerne von mir erzählt. Doch damit bin ich übel reingefallen. Frauen, die ich für meine Freundinnen hielt, haben über mich geklatscht und mich ausgenutzt. Heute halte ich mich zurück, versuche möglichst nicht aufzufallen und erwarte nichts Gutes mehr von anderen.«

Besonders intensiv wirken sich traumatische Erlebnisse wie Mobbing, körperliche Gewalt oder Verbrechen aus. Sie können aus einem fröhlichen, offenen Menschen ein verschlossenes Wesen machen.

Ohne Rückschau kein Fortschritt

Bei den verschiedenen Gründen, sich zu verschließen, sind Ihnen möglicherweise alte Erinnerungen zu Bewusstsein gekommen und haben Ihre Stimmung getrübt. Verständlich wäre das jedenfalls.

Normalerweise leben wir im Hier und Jetzt und beschäftigen uns nicht mit unserer Vergangenheit. Das passiert höchstens, wenn es dazu einen konkreten Anlass gibt, etwa wenn die Eltern sterben, jemand von früher plötzlich auftaucht oder eine alte Wunde wieder aufgerissen wird. Bei mir war zuletzt ein Buch der Anlass, zurückzuschauen. Während ich über das Thema Einsamkeit schrieb und mich dabei mit den Ursprüngen dieses Gefühls befasste, fühlte ich mich ziemlich traurig. Es tut weh, sich anzusehen, was früher alles falsch gelaufen ist und wie wir beeinträchtigt wurden. Doch bei dieser Spielregel können wir einfach nicht darauf verzichten. Ein paar aufmunternde Worte reichen leider nicht aus, um einen offenen Menschen aus uns zu machen.

Vor einiger Zeit fiel mein Blick in der Buchhandlung zufällig auf ein Buch mit dem Titel: »Sag doch einfach, was du denkst«. Sofort ging mir durch den Kopf: »Ja, wenn das so einfach wäre …« Innere Widerstände lassen sich nicht einfach verdrängen oder überspringen. Sie werden nur dann offener, wenn Sie die Ursachen berücksichtigen, die Sie verschlossen gemacht haben. Deshalb möchte ich Sie anregen, sich, bevor Sie weiterlesen, zunächst anzuschauen, warum Ihre Offenheit eingeschränkt ist. Nehmen Sie sich Zeit, Ihre Vergangenheit unter diesem Aspekt zu betrachten. Machen Sie sich die Mühe, nach dem offenen Kind zu forschen, das Sie einmal waren. Auch wenn Sie heute möglicherweise verbittert und misstrauisch sind oder sich bewusst glatt und perfekt zeigen – ich bin sicher, dass es noch in Ihnen steckt und dass Sie es wieder entdecken werden. Damit finden Sie zu den Quellen Ihrer Offenheit zurück.

Sollte Ihnen das nicht alleine gelingen, weil Ihre Vergangenheit zu schwer wiegt, dann ist eine Psychotherapie ein guter Weg. Nach meiner Erfahrung ist das Heilsamste an einer Therapie, dass man sich endlich einmal ganz offen zeigen kann, ohne Angst davor, abgelehnt oder verletzt zu werden. So angenommen zu werden, wie man ist, stellt eine stärkende Erfahrung dar, die sich auf sämtliche Lebensbereiche positiv auswirkt. Damit das auch wirklich möglich ist, sollte sich jeder, der eine Psychotherapie machen möchte, seine fachliche Begleitung sehr sorgfältig aussuchen. Hören Sie auf sich und beantworten Sie sich nach dem ersten Therapiegespräch ehrlich die Frage: Kann ich zu diesem Menschen Vertrauen entwickeln? Wenn Sie den Eindruck haben, dass man Sie bevormundet, dass Ihre Gedanken und Gefühle kritisiert werden, dass Sie einem bestimmten Bild entsprechen müssen, dann sollten Sie sich sehr gut überlegen, ob Sie bei diesem Therapeuten oder dieser Therapeutin bleiben wollen. Suchen Sie lieber konsequent weiter, so lange, bis Sie in guten Händen sind. Auch dort werden Sie sich nicht auf Knopfdruck öffnen, doch entwickelt sich das im Laufe der Zeit.

Warum sollen Sie überhaupt offen sein?

Zugegeben, bis hierher klingt es wenig animierend, sich um Offenheit zu bemühen. Ich kann gut verstehen, wenn Sie noch nicht so recht davon überzeugt sind, dass Offenheit Ihnen einen Gewinn bringt. Schließlich sieht es so aus, als ob sie im täglichen Leben doch nur dazu führt, dass Ihr Image Kratzer bekommt oder dass Sie sich der Gefahr aussetzen, verletzt zu werden. Warum also sollten Sie an Ihrer mehr oder minder großen Verschlossenheit etwas ändern und daran arbeiten, offener zu sein? Die Antwort lautet ganz klar: Weil Sie nur dann glücklich werden.

Ob Sie es akzeptieren oder nicht, Sie sind ein Gemeinschaftswesen. Wie eng und wie häufig Sie diese Gemeinschaft pflegen möchten, hängt natürlich von Ihnen ab. Manchen reicht eine kleine Dosis Nähe, andere dagegen würden am liebsten ständig jemanden an ihrer Seite haben. Der Grad mag also unterschiedlich sein, doch dass Sie andere Menschen brauchen, steht fest. Niemand ist eine Insel. Selbst die einsamen Wölfe und Wölfinnen, die scheinbar bestens alleine auskommen, sind innerlich verletzte Wesen, die sehr früh beschlossen haben, sich dem Schmerz nie wieder auszusetzen. Das dürfen Sie mir glauben.

Bei echter Gemeinschaft geht es nicht nur darum, sich körperlich nahe zu sein, sondern vor allem, sich mit Geist und Seele zu zeigen. Jeder Mensch möchte im tiefsten Innern erkannt und geliebt werden. Der Preis dafür ist die Offenheit. Ohne sie weiß ja niemand, wer Sie wirklich sind.

Wenn Sie eine Fassade errichten, wird nur Ihre Fassade geliebt und akzeptiert. Etwa wenn Sie den souveränen Unternehmer, den starken Mann, den alles verstehenden Softie oder die fürsorgliche Mutter, die kompetente Fachfrau, das lässige Girlie zeigen. Dabei wissen Sie im Grunde Ihres Herzens sehr genau, dass die positive Resonanz, die Sie bekommen, lediglich diesem Teil gilt und nicht Ihrer ganzen Person. Sie haben irgendwann einmal herausgefunden, dass diese Seite besonders anerkannt wird, und zeigen Sie deshalb immer wieder. Doch das ist eben nur ein Teil von Ihnen. Erst Ihre Offenheit macht Sie insgesamt sichtbar.

Ich habe im Laufe der Zeit viele Beweise dafür gesammelt, dass Offenheit vor allem die Chance bietet, wirklich angenommen zu werden. Auch meine eigene Erfahrung bestätigt mir das immer wieder. Vor einigen Monaten habe ich zusammen mit etwa dreihundert Menschen an einem Seminar für persönliches Wachstum teilgenommen. Es ging darum, sich zu öffnen und wahrhaftig zu zeigen. Ich gebe zu, dass ich am Anfang ziemlich skeptisch war, ob bei einer so großen Gruppe überhaupt ein intensives und verantwortungsvolles Arbeiten möglich war. Ich konnte mich davon überzeugen. Es war wunderbar zu sehen, wie im Laufe der Zeit hinter den verschiedenen Fassaden die Menschen zum Vorschein kamen. Wir tauschten unsere bestgehüteten Geheimnisse aus, zeigten uns mit allen Gefühlen, sei es Schmerz, Angst, Freude, Stolz oder Glück. Interessant war dabei: Je mehr wir voneinander erfuhren, desto mehr legten wir unsere anfänglichen Vorurteile und Antipathien ab, die sich gewöhnlich schon auf den ersten Blick einstellen. Dadurch entstanden tiefer Respekt, Zuneigung und echtes Mitgefühl.

Natürlich ist ein gutes Seminar oder eine Psychotherapie ein besonderer Schonraum, doch auch im normalen Leben bringt

Offenheit ähnliche Resultate. Die meisten Befürchtungen, dann nicht mehr geliebt oder geschätzt zu werden, erweisen sich als irreal. Zwar kann es durchaus sein, dass einige wenige Sie tatsächlich ablehnen, wenn Sie sich offen zeigen. Meist sind das jedoch diejenigen, die von Ihrem vorherigen Verhalten profitiert haben und Sie zwingen möchten, wieder pflegeleicht zu werden. Oder solche, die durch Ihre Offenheit an ihre eigene Verschlossenheit gemahnt werden. Die wehren sich dagegen, sich selbst zu verändern, indem sie Sie ablehnen. An diesen Menschen haben Sie letztlich nicht viel verloren.

Sind Sie inzwischen davon überzeugt, dass Offenheit Ihnen doch etwas bringt? Dann können wir zusammen überlegen, auf welchem Gebiet Sie überhaupt offener werden möchten. Die beiden großen Bereiche sind: Image und Selbstschutz.

Offenheit und Image

Die meisten von uns verstecken sich hinter einem Image. Ich kann mir vorstellen, dass auch Sie daran interessiert sind, in bestimmten Bereichen in einem besonders guten Licht zu erscheinen. Fast immer geht das Hand in Hand damit, dass wir uns bemühen, weniger attraktive Seiten zu verstecken.

Irmela ist eine gute Malerin, die sich ihre Technik jedoch autodidaktisch angeeignet hat. Sie gibt sich große Mühe, ihren künstlerischen Werdegang aufzuwerten. Einen ganz normalen Italien-Urlaub bauscht sie zu einem »längeren Aufenthalt in der Toscana«

auf, ein Volkshochschulkurs wird in ihrer Vita zum aufwendigen »Lehrauftrag«. Sie glaubt, sonst nicht genügend anerkannt zu werden. Wenn Irmela offen ist, macht sie keinen Hehl mehr daraus, dass sie kein Kunststudium aufweisen kann. Stattdessen ist sie stolz darauf, dass sie es allein so weit gebracht hat.

Wolfgang ist Psychotherapeut in einer Beratungsstelle. Ihm liegt viel daran, auf andere hilfsbereit und warmherzig zu wirken. Er gibt Klienten seine Privatnummer mit der Erlaubnis, ihn jederzeit anzurufen. Er nimmt sich am Telefon Zeit, um Anfragen ausführlich zu beantworten, obwohl er es eilig hat. Er überzieht immer wieder die Therapiesitzungen, wenn Klienten gegen Ende noch ein wichtiges Thema ansprechen. Auch außerhalb der Beratungsstelle hört er mehr zu, als dass er von sich spricht. Wolfgang verbirgt seinen gesunden Egoismus. Mal keine Zeit zu haben, ungeduldig zu sein oder einfach drauflos zu reden ist menschlich und völlig natürlich. Mehr Offenheit würde für ihn bedeuten, diese versteckte Seite einzubringen. Sicher, das Image des idealen Therapeuten wäre damit zerstört. Dafür wäre Wolfgang aber lebendig. Das täte ihm ebenso gut wie seinen Klienten.

Image hat viele Seiten. Vielleicht erscheinen Sie immer gut gelaunt, und wenn es Ihnen mal schlecht geht, tun Sie das vor anderen mit einem Spruch ab wie: »Ich habe gerade einen kleinen Durchhänger. Wird schon wieder.« Möglicherweise haben Sie die Ideale der Spaßgesellschaft übernommen und verdrängen, dass Sie sich niedergeschlagen, hilflos oder unsicher fühlen. Was Sie mit Ihrem Image verbergen möchten, zeigt Ihnen, wo Sie offener werden sollten. Auf diese Weise wären Sie zwar weniger smart, dafür aber authentisch, eine Persönlichkeit mit Ecken und Kanten.

Falls Sie erkennen, dass Ihre mangelnde Offenheit dazu dient, ein Image aufrechtzuerhalten, fragen Sie sich:

• Welches Bild will ich von mir vermitteln?
• Wie sieht das Kontrastprogramm zu diesem Bild aus?

Ich kann mir vorstellen, dass Sie jetzt innerlich aufstöhnen und mich für total naiv halten. Gewiss denken Sie daran, wie schnell man beruflich weg vom Fenster ist, sobald man Schwäche zeigt. Schließlich lernt jeder Schulabgänger im Bewerbungstraining, sich von seiner besten Seite zu zeigen. Wie viel mehr gilt das, wenn man bereits einen guten Job hat. Da ist ein Pokerface regelrecht Pflicht. Im gesellschaftlichen Leben ist es teilweise ähnlich. Wenn Sie nicht zum Opfer von Klatsch und Tratsch werden wollen, müssen Sie tunlichst den Schein wahren, nach dem Motto »Wie's drinnen aussieht, geht niemand was an.«

Das weiß ich wohl. Deshalb möchte ich noch einmal deutlich darauf hinweisen, dass offen zu sein nicht bedeutet, sich klein zu machen, sein Licht unter den Scheffel zu stellen oder sich selbst zu bezichtigen. Im Gegenteil. Es bedeutet, sich selbstbewusst zu zeigen.

Kürzlich hörte ich bei einer Podiumsdiskussion zu. Einer der Teilnehmer bemerkte in einer Runde, die überwiegend aus Akademikern bestand: »Ich habe nicht studiert.« Er hatte damit kein Problem und erschien genau aus diesem Grund sehr sicher. Solche Souveränität kommt selten vor. Die meisten versuchen krampfhaft zu verbergen, was sie für ihre Schwachstelle halten.

Je weniger Selbstbewusstsein Sie haben, desto mehr verstecken

Sie sich und bemühen sich, Ihren vermeintlichen Makel zu verbergen. Arbeiten Sie deshalb daran, sich selbst ganz zu akzeptieren. Sie haben brillante Seiten, und Sie haben Schwachpunkte. Sei es, dass es sich dabei um so genannte negative Gefühle handelt oder darum, dass Sie bestimmte Dinge nicht beherrschen. Nehmen Sie das als gegeben. Sie müssen keinem Ideal entsprechen. Natürlich sollten Sie nicht mit Ihren Schwachpunkten hausieren gehen. Halten Sie es mit dem Spruch »Wo keine Frage ist, ist auch keine Antwort«. Das will besagen: Wenn man Sie nicht danach fragt, müssen Sie auch nicht die Karten auf den Tisch legen. Doch wenn es darauf ankommt, dann sagen Sie selbstbewusst, wie die Dinge stehen. Im Grunde ist es egal, ob Sie an Ihrem Selbstbewusstsein oder an Ihrer Offenheit arbeiten, denn eines wächst mit dem anderen.

Offenheit und Selbstschutz

Es kann sein, dass Sie gar nicht aus Taktik zurückhaltend sind und Ihr Image bewahren wollen, sondern dass Sie sich damit vor Verletzungen schützen möchten.

Dazu wählen wir meist eine Maske, ein Verhalten, das unsere Emotionen verbirgt. Ich habe beispielsweise erlebt, dass Menschen mir die schlimmsten Erlebnisse erzählten und dabei verbindlich lächelten. Es war ihnen nicht einmal bewusst. Ihr automatisches Lächeln diente dazu, ihre Gefühle vor sich und anderen zu verstecken. Vor allem Schmerz, Ärger und Wut wurden auf diese Weise kaschiert. Als Therapeutin konnte ich mir ausrechnen, dass es in ihrem Leben eine Zeit gegeben hat, in der sie ihre Empfindungen nicht zeigen durften, in der sie das fröhliche, pflegeleichte Kind spielen mussten. Das sitzt so tief, dass sie sich bis heute daran halten.

Viele Masken, mit denen wir uns schützen, sind älteren Datums. Ich erinnere mich noch gut daran, dass ich mich lange Zeit betont locker gab, sobald ich mich verletzt fühlte. Diese Form stammte noch aus der Schulzeit. Als Teenager entsprach ich nicht unbedingt dem damals gängigen Schönheitsideal. Ich war viel zu groß, und unglücklicherweise legten meine Eltern mehr Wert auf Bücher als auf modische Kleidung. Auf den Partys, die meine Klassenkameradinnen veranstalteten, war ich zwar kein Mauerblümchen, dazu war ich zu lebhaft, doch mir blieb nur die Entertainerfunktion, während die anderen Mädchen flirteten, was das Zeug hielt. Mir war zum Heulen zu Mute, doch um nichts in der Welt hätte ich zugegeben, wie unglücklich ich mich fühlte. Ich zeigte mich witzig und unbekümmert. Noch Jahre später versteckte ich mich hinter der Attitude »Mir macht das überhaupt nichts aus«, wenn ich mich irgendwo zurückgesetzt fühlte.

Wir wählen unsere spezielle Art, uns ins Schneckenhaus zurückzuziehen, sehr früh und bleiben meist dabei. Warum sollen wir etwas ändern, was sich offenbar bewährt hat? Am besten kommen Sie sich deshalb auf die Spur, wenn Sie sich fragen: Wie reagiere ich gewöhnlich, wenn ich mich verletzt oder angegriffen fühle? Hier sollten Sie ansetzen, wenn Sie offener werden wollen.

Vielleicht werden Sie stumm und lassen innerlich die Jalousien herunter. Oder Sie betäuben Ihr Gefühl mit Alkohol und Ablenkung. Sie reagieren beleidigt. Sie sind nachtragend wie ein alter Elefant und sinnen auf Rache. Sie fahren eine Retourkutsche und greifen Ihrerseits an. Sie ziehen sich zurück und brechen den Kontakt ab. Sie lassen den Vorfall scheinbar an sich abprallen und gehen zur Tagesordnung über.

Welche Form Sie auch immer benutzen: Es bedeutet, dass Sie nicht offen sind. Sich zu öffnen heißt, die Verletzung bewusst zu spüren und das den anderen mitzuteilen.

Wahrscheinlich finden Sie, dass ich es jetzt wirklich mit der Offenheit übertreibe. Dem Gegner auch noch den Triumph gönnen, dass er Sie verletzt hat? Zeigen, wie sehr Sie getroffen sind? Das ist das Letzte!

Stimmt. So simpel habe ich das auch nicht gemeint. Sie sollen nicht Ihr verwundetes Herz auf der Hand tragen und es Ihrem Gegenüber überlassen, ob er oder sie freundlicherweise diesmal gut damit umgeht oder vielleicht noch ein zweites Mal zuschlägt.

Richtig offen sein

Offenheit bedeutet nicht, sich tollkühn auf ein Kamikaze-Unternehmen einzulassen. Niemand verlangt von Ihnen, dass Sie sich von heute auf morgen völlig offen zeigen. Damit würden Sie garantiert auf die Nase fallen. Ich plädiere für einen behutsamen Weg zu mehr Offenheit.

In der Psychologie gibt es den Begriff der selektiven Offenheit. Das bedeutet, dass man den Grad und die Form der Offenheit sorgfältig auswählt. Das ist auch bei Verletzungen ein Gebot der Klugheit. Vor allem hier macht der Ton die Musik.

Wenn Ihr Chef Sie gerade vor allen Kollegen bloßgestellt hat, ist es ganz gewiss nicht opportun, in Tränen auszubrechen oder wütend zu kontern: »Das ist wirklich gemein, wie Sie mich behandeln.« Fassen Sie sich erst einmal, nehmen Sie Abstand und gewinnen Sie Ihre Ruhe zurück. Dann gehen Sie auf Ihren Chef zu und sagen etwa: »Ich möchte noch einmal auf den unerfreulichen Vorfall von vorhin zurückkommen. Ich bitte Sie, das nächstens mit mir unter vier Augen zu besprechen. Vor den Kollegen ist mir das unangenehm.«

Falls es Sie ärgert, dass eine Freundin sich jedes Mal in den Vordergrund spielt, sobald Sie zusammen ausgehen, dann müssen Sie ihr nicht unbedingt wütend vorwerfen: »Du willst immer im Mittelpunkt stehen und machst mich zur Statistin!« Bleiben Sie sachlich und erläutern Sie ihr, was Sie genau stört: »Sobald sich uns in der Kneipe ein Mann nähert, lässt du mich links liegen. Dabei fühle ich mich unwohl.«

Regulieren Sie Ihre Offenheit nach der Faustregel: Je näher und vertrauter Ihnen ein Mensch ist, desto deutlicher dürfen Sie ihm Ihre Gefühle zeigen. Je fremder er Ihnen ist und je mehr Sie sich beide in einer gesellschaftlichen Rolle begegnen, desto sachlicher sollte Ihre Offenheit aussehen. Wichtig ist jedoch, dass Sie weder sich noch Ihre Gefühle verbergen.

Auf eines möchte ich Sie dabei sicherheitshalber aufmerksam machen. Manche Menschen können mit Offenheit nicht umgehen. Sie reagieren arrogant: »So eine Kleinigkeit nimmst du dir zu Herzen? Meine Güte, bist du aber sensibel.« Oder sie leugnen schlichtweg, dass sie Sie verletzen wollten: »Das war doch nur Spaß« oder »Das ist bloß ein Missverständnis«. Lassen Sie sich davon nicht irritieren. Sie haben ein Recht auf Ihre Gefühle. Wenn Sie verletzt sind, dann ist das eine Tatsache. Die sollen andere gefälligst ernst nehmen.

Wichtig ist auch, dass Sie sich niemals überfordern. Sind Sie sehr viel offener, als es Ihr Selbstbewusstsein erlaubt, erleben Sie garantiert einen Rückschlag. Im Nachhinein ärgern Sie sich dann über sich selbst, empfinden Scham oder werden von Schuldgefühlen geplagt. Erkunden Sie deshalb sensibel, wo Ihre Grenze liegt. Überschreiten Sie sie mutig immer wieder ein bisschen. Verlassen Sie Ihre geistige Komfortzone nach dem Motto »Jeden Tag ein kleines Risiko«. In welcher Hinsicht Sie offen sind, entscheiden Sie selbst. Vielleicht geben Sie eine Schwäche zu, anstatt Ausreden zu suchen: »Stimmt, ich arbeite oft auf den letzten Drücker.« Oder Sie teilen Ihre Wünsche mit, anstatt im stillen Kämmerchen zu grollen: »Ich würde mich freuen, wenn Sie meine Arbeit anerkennen würden.«

Durch selektive Offenheit gewinnen Sie Ihre Souveränität zurück. Sie sind kein Opfer, das man ohne Folgen kränken darf. Mit Ihrer Reaktion muss man rechnen. Auch für Ihr Innenleben ist Offenheit heilsam. Es kommt sozusagen frische Luft an die Wunde, so dass sie heilen kann. Sie müssen nicht länger verbittert sein, schmollen, Feindbilder aufbauen, Rachepläne schmieden oder sich selbst beschränken. Sie stehen für sich ein.

Seien Sie aktiv offen

Bis hierher haben wir darüber gesprochen, wie Sie Ihre Schutz-funktionen nach und nach aufgeben können. Doch Offenheit ist nicht nur das Gegenteil einer defensiven Haltung. Sie ist auch eine aktive Einstellung.

Diese Art von Offenheit zeigt sich unter anderem in einer positiven Neugier auf andere. Wenn wir einen Menschen nicht näher kennen, sind wir auf die Signale angewiesen, die er uns sendet. Das läuft zuerst einmal über das Äußere. Die Kleidung sagt uns etwas über sein Selbstbild oder die Gruppenzugehörigkeit. Die Körper-sprache, vor allem Mimik und Gestik, verrät uns seine aktuelle Stimmung, etwa wie deprimiert oder gut gelaunt er ist. Physio-gnomie und Körperbau geben Hinweise auf das Naturell. Sobald er den Mund aufmacht, hören wir heraus, wie er denkt und welchen Bildungsstand er hat, ob er z. B. eher pessimistisch oder optimi-stisch ist, sich gewählt oder einfach ausdrückt.

Auf dieses Bündel von Informationen reagieren wir sofort mit einer inneren Stellungnahme. In Sekundenschnelle vergleichen wir es mit Erfahrungswerten, die wir auf Grund unserer persön-lichen Geschichte gespeichert haben – und schon packen wir unser Gegenüber in eine Schublade: Uninteressant. Wichtigtuer. Attrak-tiv. Graue Maus. Schlaffi. Ökofreak. Mutti-Typ. Doofe Blondine. Beamter. Süß. Girlie. Sympathisch.

Ich will gar nicht behaupten, dass Sie mit Ihrer Beurteilung falsch liegen. Aber mit einem Etikett nehmen Sie sich die Chance, auch noch andere Seiten Ihres Gegenübers kennen zu lernen. Ver-suchen Sie, bei der nächsten Begegnung mit Unbekannten einmal weniger schnell mit einem Urteil bei der Hand zu sein. Lassen Sie sich auf ein Gespräch ein, anstatt sich gleich abzuwenden. Die Welt wird wesentlich interessanter. Sie werden viel mehr erfahren, wenn Sie auf andere Menschen wieder neugierig wie ein Kind reagieren und nicht von vornherein abwinken.

Zur aktiven Offenheit gehört auch, dass Sie sich Zeit für andere nehmen. Ich weiß selbst, wie schwer das oft ist, besonders wenn man viel zu tun hat. Sobald eine Bekannte, mit der ich durchaus gerne Kontakt hätte, vorschlägt: »Wir können ja mal einen Kaffee zusammen trinken«, taucht vor meinen Augen sofort mein Terminkalender auf. Eine oder gar zwei Stunden abzuzweigen ist purer Luxus, den ich mir eigentlich gar nicht leisten kann. Inzwischen bemühe ich mich, gegen dieses automatische innere Reglement anzugehen. Mir hilft eine Phantasieübung, die vielleicht auch Sie dabei unterstützen kann, Ihre Prioritäten richtig zu setzen:

Stellen Sie sich vor, Sie schauen in hohem Alter auf Ihr Leben zurück. Ist es dann wirklich so wichtig, dass Sie ununterbrochen gearbeitet haben?

Wenn Ihnen jede zwischenmenschliche Begegnung als lästige Unterbrechung erscheint, wenn Sie private Treffen auf Wochen im Voraus festlegen müssen, dann sind Sie bereits auf dem besten Wege, sich anderen Menschen zu verschließen. Was auf den ersten Blick so effektiv aussieht, verhindert in Wirklichkeit, dass Sie neue Erfahrungen machen und sich als Persönlichkeit weiterentwickeln. Denn gerade im zwanglosen Kontakt, im informellen Austausch erfahren Sie viele wichtige Dinge. Sie werden bereichert und fühlen sich hinterher geistig erfrischt.

Der Tibeter Drukpa Rimpoche, ein enger Vertrauter des Dalai Lama, sagte: »Betrachte jede Person, der du begegnest, als überbrächte sie dir ein großes Geheimnis.«[9] Sie werden das Geheimnis erst erfahren, wenn Sie sich den Begegnungen öffnen.

Knüpfen Sie ein Beziehungsnetz

Sich für andere zu öffnen dient nicht nur Ihrem Glück, sondern kann auch Ihren Erfolg und die Erfüllung Ihrer Wünsche beschleunigen.

Eine Untersuchung des Konzerns IBM hat ergeben, dass die meisten Menschen in Spitzenpositionen dort nicht etwa wegen ihrer überragenden fachlichen Fähigkeiten gelandet sind, sondern weil sie Kontakt zu den richtigen Leuten geknüpft haben. Zu sechzig Prozent war das der entscheidende Faktor.

Nun wollen Sie vielleicht nicht unbedingt ins Topmanagement, aber bestimmt haben Sie Wünsche, die sich mit Hilfe anderer Menschen leichter und schneller erfüllen lassen. Sie brauchen manchmal die richtige Adresse, kompetente Unterstützung oder Vermittlung. Etwa wenn Sie einen guten Zahnarzt oder die beste Schule für Ihr Kind suchen. Wenn Sie sich um Karten für eine fast ausverkaufte Veranstaltung bemühen oder sich wünschen, mit einem Projekt in die lokale Zeitung zu kommen. Wenn Sie an Ihrem Arbeitsplatz unzufrieden sind und einen Wechsel erwägen. Wenn Sie selbständig sind und Ihren Kundenkreis vergrößern möchten. Wenn Sie im Urlaub eine Ferienwohnung mieten oder einen Tipp für ein gutes Restaurant suchen. Ein Beziehungsnetz kann Ihnen in vielen Situationen nützlich sein, sei es nun beruflich oder privat.

In diesem Punkt zeigt sich gewöhnlich ein Unterschied zwischen Männern und Frauen. Männer haben weniger Hemmungen, Beziehungen zu nutzen. Denken Sie nur an die Seilschaften in Politik und Wirtschaft oder an das berühmte »Old boys network«. Frauen tun sich damit wesentlich schwerer. Bei ihnen zeigt das Netzeknüpfen in beruflicher Hinsicht erst zarte Ansätze. Allgemein sind Männer in ihrer Beziehungspflege mehr auf die Arbeit bezogen, Frauen kümmern sich stärker um freundschaftliche Kontakte.

Ob Sie nun männlich oder weiblich sind: Wenn Sie bisher keinen Kreis von Menschen haben, an den Sie sich mit den verschiedensten Problemen, Fragen oder Wünschen wenden können, dann sollten Sie ruhig einmal in sich gehen und nach den Gründen fragen.

Vielleicht ist es Ihnen unangenehm, Kontakte mit einer bestimmten Absicht zu knüpfen. Sie empfinden das als heuchlerisch und berechnend. Damit haben Sie völlig Recht, solange Sie sich an jemanden nur um eines Vorteils willen heranmachen.

Mich beschleicht heute noch ein mulmiges Gefühl, wenn ich daran denke, dass ich das einmal getan habe: Eine Freundin hatte mich mit einer Frau bekannt gemacht, die bei einer Zeitschrift arbeitete, für die ich gerne geschrieben hätte. Ich fand diese Frau nicht sonderlich sympathisch, ließ mir aber ihre Adresse geben. Als ein paar Tage später ein Artikel von ihr erschien, schrieb ich ihr einen Brief, wie gelungen ich ihre Zeilen fände. Mit dem

Hintergedanken, dass sie sich für mich in der Redaktion verwenden würde. Sie antwortete nie. Ich werde jetzt noch rot, während ich Ihnen diese kleine Geschichte erzähle. Doch trotz aller Peinlichkeit bin ich froh, dass ich damals diese Erfahrung gemacht habe. Sie war nämlich für mich ein Schlüsselerlebnis. Mit dem Fazit: Berechnung bringt selten etwas, außer einer Delle im Charakter.

Netzwerke funktionieren nur mit Menschen, mit denen Sie auf einer Wellenlänge liegen, die Sie schätzen und denen Sie Sympathie entgegenbringen. Ist diese Grundlage gegeben, ist es durchaus nicht ehrenrührig, die Beziehung zu nutzen. Es ist völlig legitim, auf andere zuzugehen, um davon einen Gewinn zu haben. Vorausgesetzt, Sie beachten das Gesetz der Gegenseitigkeit. Die Historikerin Uta Hess bestätigt: »Der Tauschhandel an sich ist keine rein egozentrische Verhaltensweise. Das Tauschen gehört zum Urrepertoire der Menschheit und wird von vielen praktiziert, manchmal fair, manchmal unfair.«[10]

Tun Sie es lieber fair. Niemand lässt sich gerne wie eine Milchkuh melken. Bemühen Sie sich immer, einen gerechten Ausgleich zu schaffen. Das muss nicht unbedingt nach dem Motto funktionieren »Eine Hand wäscht die andere«. Manchmal sind die Bereiche so verschieden, dass ein Tauschgeschäft in diesem Sinne gar nicht möglich ist. Dann laden Sie denjenigen eben zum Essen ein oder machen ihm ein Geschenk, über das er sich wirklich freut.

Profis im Netzeknüpfen wie der Seminartrainer Harvey Mackay legen sich sogar eine Kartei für jeden an, den sie neu kennen lernen und interessant finden. Sie verzeichnen darin seine persönlichen Daten und Vorlieben. Und sie pflegen diese Kontakte mit gelegentlichen Telefonaten, Geburtstagskarten und Einladungen. Ganz deutlich gesagt: Sie melden sich nicht erst, wenn's brennt oder sie vom anderen etwas wollen.

Das macht zugegebenermaßen etwas Mühe. Ein Netzwerk zu knüpfen fordert Zeit, Überlegung und sogar Geld. Darauf weist auch Mackay hin: »Allzu oft glauben wir, jene Meister der Beziehungspflege, die wir bewundern, seien einfach so geboren. Das ist ein Mythos. Die besten unter ihnen arbeiten hart daran und beschäftigen sich sehr viel damit.«[11]

Fangen Sie damit an, Masche für Masche ein Beziehungsnetz zu knüpfen. Selbst wenn Sie es nicht für bestimmte Zwecke nutzen, wird es Ihr Leben bereichern.

Offenheit schafft Offenheit

Meist sehen wir es als einen einseitigen Vorgang an, uns zu öffnen. Doch das ist keineswegs der Fall. Offenheit führt fast immer zu einer Wechselwirkung. Indem Sie Ihre Gefühle zeigen oder Ihre Gedanken offenbaren, ermöglichen Sie anderen, das ebenfalls zu tun, nach dem Motto »Wie du mir, so ich dir«.

Kennen Sie die kleine Geschichte vom Wettstreit zwischen Sonne und Wind? Sonne und Wind stritten sich einmal darum, wer von beiden den größeren Einfluss hätte. Weil sie sich nicht einigen konnten, beschlossen sie, das in einem Versuch zu klären. Ein Wanderer kam gerade vorbei. Die Sonne schlug vor: »Wer von uns den Wanderer dazu bringt, seinen Mantel auszuziehen, hat gewonnen.« Der Wind war einverstanden und begann sofort, den Wanderer zu bestürmen. Dem flog sein Mantel fast vom Körper, doch je mehr der Wind wehte, desto enger hüllte er sich hinein. Der Wind musste aufgeben. Daraufhin war die Sonne dran. Sie schien so warm auf den Wanderer, dass er freiwillig seinen Mantel auszog.

Diese Geschichte illustriert für mich, was passiert, wenn wir selbst offen sind: Wir verführen durch unsere Wärme und Ehrlichkeit den anderen im guten Sinne dazu, sich ebenfalls zu öffnen. Verhalten wir uns dagegen cool und zugeknöpft, wird sich auch unser Gegenüber verschließen.

Manchmal fragen Journalisten bei mir nach, ob sie an einer Seminarsitzung teilnehmen können. Voraussetzung dafür ist natürlich, dass alle Teilnehmer und Teilnehmerinnen damit einverstanden sind. Doch ich knüpfe auch noch eine zusätzliche Bedingung daran: Der oder diejenige muss mitmachen und sich einbringen. Sitzt ein Außenstehender nur als stiller Beobachter dabei, verstummen die Seminarteilnehmer garantiert nach kurzer Zeit. Auf Basis der Gegenseitigkeit ist das kein Problem.

Der Modefotograf Peter Lindbergh wurde in einem Fernsehinterview gefragt, warum Topmodels und Prominente so besonders gern mit ihm arbeiten. Er antwortete:»Ich glaube, das liegt daran, dass ich keine Mauer um mich herum baue. Ich zeige mich immer, wie ich bin. Dadurch haben es die anderen nicht nötig, gegen meine Mauern anzurennen. Sie können sich ebenfalls zeigen, wie sie sind.«

Seien Sie mutig und beginnen Sie damit, offen zu sein. Zumindest ein kleines bisschen. Und dann schauen Sie, was passiert.

Meist ist es wie beim Pingpong-Spiel. Wenn Sie anfangen, gibt Ihnen Ihr Gegenüber die gleiche Offenheit zurück.

Öffnen Sie Ihr Herz

Nachdem wir die verschiedenen Aspekte der Offenheit betrachtet haben, sind wir an ihrem Kern angelangt, ihrer tieferen Bedeutung. Sich für andere öffnen bedeutet letztlich viel mehr, als nur einen Schutzpanzer abzulegen, an anderen interessiert zu sein oder Kontakte zu knüpfen. Der Ursprung der Offenheit liegt in unserem Herzen. Sicher haben Sie das selbst schon oft gespürt. Wenn Sie Angst haben, verschließen Sie Ihr Herz. Wenn Sie Liebe empfinden, öffnen Sie es. Denken Sie nur daran, wie Sie sich fühlen, wenn Sie verliebt sind. Liebende wollen alles voneinander wissen, sind rückhaltlos offen. Wie wohl jeder von uns weiß, gibt es kaum einen glücklicheren Zustand.

Sie müssen nicht in eine einzelne Person verliebt sein, um so zu empfinden. Je mehr Sie andere Menschen lieben, desto leichter fällt es Ihnen, offen zu sein. Eine Voraussetzung dafür ist jedoch, dass Sie sich selbst lieben. Sie können lernen, sich so anzunehmen, wie Sie sind, mit allen Gefühlen, Gedanken, Verhaltensweisen. Der Weg dorthin führt über einen liebevollen Umgang mit sich selbst. Hören Sie auf, sich innerlich zu kritisieren, sich niederzumachen und zu beschimpfen, schlecht von sich zu denken oder sich zu verachten. Gut, Sie haben Fehler und Schwächen, aber trotz allem sind Sie ein wunderbarer Mensch.

Aus dieser Erkenntnis entsteht der Mut, sich zu zeigen. Spirituelle Lehrer sprechen in diesem Zusammenhang oft von der Klarheit und Kühnheit eines Kriegers. Das hat nichts mit Kampf im üblichen Sinne zu tun, sondern mit einer Geisteshaltung. Die Stufe des Kriegers oder der Kriegerin haben Sie erreicht, wenn Sie Ihre Offenheit nicht mehr von anderen abhängig machen. Drukpa Rimpoche, der viele westliche Menschen zur Meditation angeleitet hat, sagt: »Erkenne, dass die Furcht vor den anderen vor allem die Furcht vor dir selbst ist. Ein Mensch, der Frieden gefunden hat, der seine Ängste überwunden hat, geht gelassen auf die anderen zu.«[12]

Entscheiden Sie sich

Erinnern Sie sich noch, dass ich Sie zu Anfang gefragt habe, wie Sie sich entscheiden wollen? Nachdem wir das Für und Wider betrachtet haben, möchte ich meine Frage noch einmal wiederholen. Möchten Sie sich für andere öffnen?

Wenn ja, beginnt für Sie ein Weg der Ehrlichkeit und der Liebe. Sie werden viele Kontakte knüpfen und tiefe Freundschaften schließen. Sie werden aber auch Zurückweisung erleben, denn wenn Sie offen sind, trennt sich bei den Menschen um Sie her die Spreu vom Weizen. Doch das Glück wird ganz sicher überwiegen. In jedem Fall wartet ein Abenteuer auf Sie. Gehen Sie es mutig, aber nicht leichtsinnig an.

Fünfte Spielregel:
Bringen Sie Ihr Leben ins Gleichgewicht

Haben Sie Lust, zur Einstimmung eine einfache Yoga-Übung zu machen? Wenn ja, tun Sie es bitte so:

- Ziehen Sie Ihre Schuhe aus. Stellen Sie sich mit geschlossenen Füßen hin. Die Arme sind seitlich ausgestreckt.
- Winkeln Sie Ihr rechtes Bein an und bringen Sie die Fußsohle an die Innenseite Ihres linken Oberschenkels, so hoch wie möglich. Das rechte Knie zeigt zur Seite.
- Heben Sie Ihre Arme ausgestreckt über den Kopf und legen Sie Ihre Handflächen gegeneinander.
- Halten Sie diese Position so lange wie möglich und atmen Sie tief ein und aus.
- Senken Sie Fuß und Arme dann langsam wieder und entspannen Sie sich.

Na, wie war's? Die Übung heißt »Der Baum«, weil man dabei idealerweise ruhig und fest wie ein Baum steht. Doch falls Sie nicht gerade täglich Yoga praktizieren, sind Sie dabei vermutlich eher hin und her geschwankt wie ein Baum im Sturm. Das macht gar nichts. Im Gegenteil, dann konnten Sie körperlich erfahren, wie es sich anfühlt, nicht im Gleichgewicht zu sein.

Im täglichen Leben merken Sie das leider nicht so schnell. Zum Beispiel wenn Sie sich nur auf Ihre Arbeit konzentrieren und sich kaum Freizeit nehmen. Wenn Sie alles für andere tun und dabei sich selbst vernachlässigen. Wenn Sie zwar viel Geld verdienen, aber keinen höheren Sinn im Leben sehen.

Wir halten eine Menge aus, bevor Änderungen für uns zwingend werden. Doch früher oder später wird die Rechnung für die Unausgewogenheit präsentiert: Plötzlich müssen Sie schmerzlich erkennen, dass Ihnen etwas fehlt, vielleicht Liebe oder Unterstützung. Möglicherweise rebelliert Ihr Körper gegen die Einseitigkeit, indem Sie krank werden. Oder Ihre Seele reagiert mit einer depressiven Verstimmung. Doch selbst wenn die Folgen weniger drastisch sind, geht Ihnen durch mangelnde Balance viel Glück verloren. Einfach deshalb, weil Sie nicht alles ausschöpfen, was Ihnen das Dasein zu bieten hat.

Deshalb möchte ich Sie ermutigen, Ihr Leben in diesem Sinne einmal gründlich zu betrachten. Es gibt viele Bereiche, in denen die richtige Balance wichtig ist. Und es gibt verschiedene Formen des Gleichgewichts. Lassen Sie sich von den folgenden Überlegungen anregen, Ihrem Leben überall dort eine neue Struktur zu geben, wo es ausgeglichener sein sollte.

Wenn Sie das Wort Gleichgewicht hören, fällt Ihnen wahrscheinlich eine Waage ein. Gleichgewicht oder Balance verbinden wir in erster Linie mit zwei entgegengesetzten Kräften. Sobald eine von ihnen mehr Gewicht erhält als die andere, entsteht ein Ungleichgewicht. Bei der Waage geschieht das mit sichtbaren Folgen: Eine Schale neigt sich nach unten.

Was für das Sichtbare gilt, zeigt sich auch im Unsichtbaren: Sobald Sie eine Seite zu sehr betonen und dabei das Gegenstück vernachlässigen, gerät Ihr Leben aus dem Gleichgewicht. Dabei gibt es vieles, was aus dem Gleichgewicht geraten kann. Im Grunde kann in Ihrem Leben fast jedes Gegensatzpaar die Basis für ein Ungleichgewicht bilden: Freude und Trauer, Bewegung und Ruhe, Lärm und Stille, Alleinsein und Gemeinsamkeit, Armut und Reichtum, Krankheit und Gesundheit, Schlafen und Wachen, Aktivität und Passivität, Reden und Schweigen, Loben und Kritisieren.

Die Liste ließe sich beliebig verlängern. Deshalb kommen wir nicht umhin, hier eine Auswahl zu treffen. Stellvertretend für alle möglichen Gegensatzpaare möchte ich die beiden beschreiben, in denen ein Ungleichgewicht sehr häufig vorkommt und besonders üble Folgen hat:

- Geben und Nehmen
- Anspannung und Entspannung.

Geben und Nehmen

Lesen Sie beim Frisör oder im Wartezimmer Ihres Arztes auch so gerne diese Hochglanz-Klatschblätter, in denen man erfährt, wer gerade mit wem liiert ist? Ich schaue mit Vergnügen hinein und mache mir dann so meine Gedanken. Oft kommt mir die Society wie eine große Handelsbörse vor, in der der Deal heißt: Gebe Geld, Prominenz, Adel – nehme Jugend und Schönheit.

Doch auch wir Normalsterblichen haben unsere Tauschge-
schäfte. Denken Sie nur an Geburtstage oder Weihnachten. Zumindest hier sind wir auf Gegenseitigkeit dabei. Darüber hinaus
existiert noch viel mehr, das wir geben und nehmen können. Etwa
ideelle Werte wie Liebe, Fürsorge, Geborgenheit. Oder Zeit, Zuwendung, Unterstützung, Wärme, Lebendigkeit, Interesse. Kommen sie ins Spiel, ist es schon wesentlich schwieriger, sich über
Geben und Nehmen im Klaren zu sein.

Wie sieht es zum Beispiel in Ihrer Partnerschaft aus? Oder in
der Beziehung zu Ihren Freunden? Oder zu Ihren Kindern? Oder
im Verhältnis zu Ihren Eltern? Versuchen Sie doch einmal, ganz
spontan zu sagen, ob sich in diesen Bereichen Geben und Nehmen die Waage halten. Ich vermute, dass Ihnen das nicht auf Anhieb gelingt, sondern dass Sie erst einmal darüber nachdenken
müssen. Was, glauben Sie, überwiegt bei Ihnen?

Vorsicht, nicht alles, was vordergründig nach zu viel Geben
aussieht, ist es auch tatsächlich. Kürzlich habe ich Verena, eine
Klientin, die mit ihrer Beziehung unzufrieden war, gebeten abzuwägen, was sie und ihr Mann einander geben. Verena ist eine
gefragte Unternehmensberaterin, ihr Mann ist arbeitslos und
versorgt als Hausmann die kleine Tochter. Verena beklagte sich
darüber, dass sie so viel arbeiten muss und die finanzielle Last allein auf ihren Schultern liegt. Sie wünschte sich einen Partner, mit
dem sie diese Verantwortung teilen kann. Dabei übersah sie völlig,
was sie stattdessen von ihm bekam: Sie konnte ihre Karriere in aller Ruhe ausbauen. Sie konnte zu Kunden in andere Städte fahren,
weil ihr Mann in der Zeit das Kind versorgte. Er war immer da,
wenn sie gestresst nach Hause kam, hörte ihr zu und unterstützte

sie. Als sie sich das klarmachte, schwand ihre Unzufriedenheit. Sie sah ein, dass sie nicht alles haben konnte und dass sich die Beziehung durchaus im Gleichgewicht befand.

Sollten Sie sich tatsächlich zu sehr auf der Geben-Seite befinden, gibt es dafür meist deutliche Anzeichen: Sie fühlen sich ausgebrannt, ausgenutzt, enttäuscht. Sie haben das Gefühl, ein Fass ohne Boden zu füllen. Was immer Sie geben – etwa Liebe, Zuwendung, Verständnis – ist nie genug. So geht es einer Frau, die ihrem Mann ständig seine Seitensprünge verzeiht. Oder einer Mutter, deren erwachsene Kinder sich bequem im »Hotel Mama« eingerichtet haben. Oder einem Angestellten, der sich für die Firma aufreibt.

Trotzdem gibt es keinen Grund, sich zum Märtyrer oder zur Märtyrerin zu stilisieren. Was wie übergroße Liebe, Großzügigkeit oder Engagement aussieht, hat meist weniger edle Ursachen:

- Sie haben schon in der Kindheit gelernt, sich weniger wichtig zu nehmen als andere.
- Sie glauben, nur wenn Sie nützlich sind, werden Sie geliebt und geschätzt.
- Sie erwarten heimlich etwas zurück.

Falls Sie Ihre Geben-Seite ins Gleichgewicht bringen wollen, hat es wenig Zweck, anderen den schwarzen Peter zuzuschieben und trotzig zu sagen: »Jetzt kriegt keiner mehr etwas von mir!« Sie müssen bei sich selbst, bei Ihren Motiven ansetzen.

Als Erstes steht die Erkenntnis, dass Sie genauso wichtig sind wie andere auch. Für sich selbst sollten Sie sogar der wichtigste

Mensch auf der Welt sein. Das hat nichts mit Egoismus zu tun, sondern damit, dass es in *Ihrem* Leben um *Ihre* Entwicklung und *Ihre* Gefühle geht. Machen Sie sich außerdem klar: Wenn Sie zu viel geben, werden Sie höchstens in dieser Funktion geliebt, aber niemals als ganze Person. Das können Sie leicht überprüfen: Lässt man Sie links liegen, sobald Sie sich weigern zu tun, was Ihre Umgebung will? Schauen Sie bitte auch der Tatsache ins Auge, dass Geben nicht nach einem Rabattmarkensystem verläuft. Wer sich heute nicht dankbar zeigt, wird es wahrscheinlich auch später kaum tun.

Verstehen Sie mich bitte nicht falsch. Ich finde es wunderbar, mit liebevollem Herzen zu geben. Doch wenn Sie erschöpft oder enttäuscht sind, wenn Sie sich selbst vernachlässigt haben, dann ist es höchste Zeit, Ihre Großzügigkeit anders zu verteilen und sie ab sofort einem besonders wichtigen Menschen zukommen zu lassen: sich selbst. Fragen Sie sich vor jeder guten Tat erst einmal: »Was will *ich*?« Für die anderen bleibt dann immer noch genug übrig.

Ob Sie ein Ungleichgewicht im Nehmen empfinden, hängt – anders als beim Geben – von Ihrer Sensibilität ab. Es gibt Menschen, die finden es völlig selbstverständlich, dass sich alles um sie dreht. Ich kenne eine Frau, die es einfach nicht erträgt, nicht im Mittelpunkt zu stehen. Sie unterbricht jedes Gespräch und macht durch Extravaganzen auf sich aufmerksam, etwa indem sie im Restaurant die Kellner herumscheucht. Zu den Nehmern zählen auch Menschen, die ihre Probleme und Krankheiten einsetzen, um Zuwendung zu bekommen. Oder solche, die in gelernter Hilflosigkeit verharren. Keiner von ihnen würde von sich behaupten, in puncto Nehmen im Ungleichgewicht zu sein. Im Gegenteil, die Ansprüche werden als völlig berechtigt angesehen. Auch wenn diese Nehmer anstrengend erscheinen, verdienen sie im Grunde unser Mitgefühl. Es sind nämlich selten wirkliche Egoisten, sondern meist Menschen, die in frühen Jahren emotional nicht satt geworden sind. Sie haben noch heute Angst, zu kurz zu kommen, und kämpfen vehement um ihren Anteil.

Keiner von uns kann ausschließen, nicht zu dieser Kategorie zu gehören. Beachten Sie deshalb sorgfältig die Reaktion Ihrer Umwelt: Kritisiert man Sie in dieser Hinsicht, z. B. als geizig oder egozentrisch? Ziehen andere sich von Ihnen zurück? Unbewusste Nehmer erfahren vor allem durch Rückmeldung, ob sie sich im Ungleichgewicht befinden.

Sensible Nehmer dagegen wissen sehr wohl, dass sie zu viel nehmen, und haben deshalb oft ein schlechtes Gewissen. Bei ihnen ist fast immer mangelndes Selbstwertgefühl die Voraussetzungen dafür, dass sich die Waagschale auf die Nehmen-Seite neigt. Prüfen Sie selbst, ob das bei Ihnen der Fall sein könnte:

- Sie fühlen sich oft ungeschickt.
- Sie sehen keine Möglichkeit, Ihre Probleme zu lösen.
- Sie glauben, weniger fähig zu sein als andere.
- Sie halten sich für unattraktiv.
- Sie meinen, Geld, Erfolg oder eine sinnvolle Aufgabe wären für Sie selbst kaum erreichbar.

Diese Einstellungen führen leicht dazu, dass Sie davon überzeugt sind, nur nehmen zu können. Scheinbar haben Sie ja nichts zu bieten. Dabei besteht die Gefahr, dass Sie sich von anderen abhängig machen. Überprüfen Sie, ob Sie sich selbst unnötig auf die Nehmer-Seite begeben haben. Arbeiten Sie intensiv an einem positiven Selbstbild. Lernen Sie, was Sie lernen müssen, um auf eigenen Füßen zu stehen. Fangen Sie an, zu geben. Auch kleine Dinge wie ein Lächeln oder ein Kompliment zählen.

Geben und Nehmen in der Balance

Wichtig ist, dass Sie auf eine ausgeglichene Bilanz achten. Soll und Haben müssen mindestens gleich stark sein. Nehmen Sie genauso viel wie Sie geben. Damit meine ich nicht, dass Sie mit Ihrem Gegenüber eins zu eins abrechnen müssen, etwa in der Art: »Heute habe ich dich zum Essen eingeladen, nächstes Mal bist du aber dran.« Ihre Bilanz darf sich gerne auf alle Lebensbereiche verteilen. Geben Sie überall großzügig, wo Sie Lust dazu haben oder wo es nötig ist, auch ohne dafür unbedingt etwas zurückzuerwarten. Nehmen Sie andererseits dankbar und ohne sich zu zieren an, was man Ihnen bietet. Sagen Sie niemals: »Aber das wäre doch nicht nötig gewesen« oder »Das ist doch viel zu viel!« Denken Sie auch nicht: »Was soll ich denn mit dem Zeug?« Der australische Autor Stuart Wilde rät, jedes Geschenk mit Freude anzunehmen, sogar dann, wenn es Ihnen überhaupt nicht gefällt. In seiner etwas flapsigen Art beschreibt er das so: »Wenn Ihnen also nächstens einer Ihrer Freunde eine fluoreszierende Krawatte mit einer nackten Frau darauf anbietet, die sich bewegt, wenn Sie sich bewegen, denken Sie nicht: ›Wird mir jetzt gleich schlecht oder später‹, nehmen Sie sie an. Machen Sie sich klar, dass nicht die Krawatte wichtig ist, sondern Ihre Fähigkeit, Dinge anzunehmen, die Ihnen angeboten werden.«[13] Auf diese Weise üben Sie zu nehmen. Sie öffnen damit Ihre Hände für den vielfältigen Reichtum, den das Leben bereithält.

Wenn Sie die Balance zwischen Geben und Nehmen erreicht haben, werden Sie spüren, dass beide letztlich eins sind: Über-Fluss, der von einem Menschen zum anderen fließt. Die Richtung ist nur eine Frage der Perspektive.

Anspannung und Entspannung

Der zweite große Bereich, der im Leben leicht aus der Balance geraten kann, ist der von Anspannung und Entspannung.

Ballen Sie einmal Ihre Hände zur Faust, spannen Sie sämtliche Muskeln an und kneifen die Augenlider fest zusammen. Halten Sie die Spannung ein paar Sekunden, lassen Sie dann los. Soeben haben Sie am eigenen Leibe gespürt, was Anspannung und Entspannung bedeuten. Natürlich können Sie das auch erfahren, wenn Sie beim Umzug Kisten schleppen oder im Urlaub wandern. Doch in erster Linie zeigt es sich bei Ihrer täglichen Arbeit.

Sicher haben Sie schon von positivem Stress, dem so genannten »Eustress«, gehört. Es handelt sich um eine positive Anspannung, die entsteht, wenn Sie Ihre Arbeit lieben. Dann sind Sie davon so fasziniert, dass Sie am liebsten gar nicht mehr aufhören möchten.

Manche Menschen verzichten sogar freiwillig auf Urlaub, weil sie ihre Tätigkeit nicht als Anstrengung, sondern als Lust empfinden. Ich bin allerdings sicher, dass man bei genauer Betrachtung auch bei ihnen entspannende Momente findet. Sonst könnten sie nicht ausgeglichen und glücklich sein.

Ein echter Überhang in Richtung Anstrengung sieht anders aus. Die Betroffenen sind erschöpft und leiden unter einem Burnout-Syndrom. Sie sind ausgebrannt, haben keine Energie mehr. Solch ein extremes Ungleichgewicht kann noch einen anderen Namen haben: Workaholism. Übermäßiges Arbeiten zählt zu den Süchten und sollte unbedingt therapeutisch behandelt werden. Doch auch die harmloseren Vorformen beeinträchtigen Ihre Lebensfreude und Ihre Gesundheit.

In vielen Fällen kommt der Druck scheinbar von außen. Eine Mutter mit kleinen Kindern gerät ebenso automatisch in Stress wie ein Börsenmakler, der ständig auf Gegebenheiten seiner Branche reagieren muss, oder eine Ärztin mit vollem Wartezimmer.

Vielleicht haben auch Sie das Gefühl, sich gegen die Belastungen nicht wehren zu können. Glauben Sie nicht zu fest an die Macht der Umstände. Lassen Sie sich nicht wie eine Zitrone auspressen, sondern setzen Sie Grenzen und handeln Sie Freiräume aus. Sofern Sie das entschlossen und sachlich tun, wird Ihr Veto viel häufiger akzeptiert als Sie erwarten. Eine Informatikerin erzählte mir, dass sie sich jahrelang ihren Kollegen angepasst hatte, die gewöhnlich viele Überstunden machten. Auf diese Weise hatte sie kaum noch ein Privatleben. Als sie sich endlich dazu durchrang, pünktlich Feierabend zu machen, gab es nur ein paar Frotzeleien und keineswegs den Ärger, den sie erwartet hatte.

Genauso stark wie der äußere Druck ist der selbst gemachte. Er entsteht, indem Sie sich übernehmen oder zu perfekten Leistungen antreiben. Sitzen Sie vielleicht oft am Schreibtisch oder am Computer und sagen sich: »Das will ich unbedingt heute noch fertig kriegen?« Ich kenne das Phänomen jedenfalls sehr gut. Während ich diese Worte schreibe, wäre es längst Zeit, eine Pause zu machen. Aber ich möchte diesen Absatz unbedingt noch beenden. Dabei weiß ich wohl, dass regelmäßige Pausen wichtig sind. Mindestens alle eineinhalb Stunden, so raten die Arbeitspsychologen, sollten Sie sich von Ihrer Arbeit lösen und ein paar Minuten entspannen. Wie schon ein französisches Sprichwort sagt: »Wir haben es eilig – setzen wir uns.« Pausen bekommen Ihrem Geist und der Qualität Ihrer Arbeit gut. Also bis gleich …

Gegen den Hang zur Perfektion gibt es leider kein so einfaches Hilfsmittel. Außerdem geben wir sie ungern auf, denn schließlich hat sie durchaus ihre Vorteile. Eine Arbeit mit dem sicheren Gefühl abzuschließen, dass man sein Bestes gegeben hat, ist beruhigend. Kritisch wird es jedoch, sobald man sich ständig Perfektion abverlangt. Wenn sich z. B. eine Hausfrau zusätzlich stresst, indem sie einen Großputz veranstaltet, nur weil die Nachbarin zum Kaffee vorbeischaut. Wenn eine Assistentin stundenlang an einem relativ unwichtigen Protokoll feilt. Oder wenn ein Chef meint, er müsse alles selbst erledigen, weil es niemand so gut macht wie er. Da hilft nur Mut zur Lücke. Verhaltenstherapeuten geben Klienten, die unter Perfektionismus leiden, sogar den Auftrag, kleine Fehler in ihre Arbeit einzubauen. Auf diese Weise lernen sie, dass die Welt keineswegs untergeht, wenn nicht alles hundertprozentig gemacht wird. Falls Sie zur Perfektion neigen, üben

Sie immer wieder bewusst loszulassen. Sagen Sie sich: »Gut ist gut genug.«

Es kann natürlich auch sein, dass Sie im Gegenteil die Dinge zu leicht nehmen. »Ganz entspannt im Hier und Jetzt« ist inzwischen schon ein geflügeltes Wort geworden. Ursprünglich stammt es von dem indischen Guru Baghwan, der scharenweise gestresste Menschen aus dem Westen anzog. Völlig relaxed zu sein sieht tatsächlich von außen sehr angenehm aus. Doch Vorsicht, zu viel Entspannung macht nicht locker, sondern schlapp und passiv. Ich erinnere mich an eine Szene aus dem Kultfilm der 70er Jahre: »Zur Sache, Schätzchen«. Als der Hauptdarsteller gegen Mittag von Freunden aus dem Bett geklingelt wird, mault er verschlafen: »Ich mag es nicht, wenn sich die Dinge morgens schon so dynamisch entwickeln.« Das illustriert recht gut, wie es aussieht, wenn Entspannung das Übergewicht bekommt. Sind Sie zu entspannt, fehlt Ihnen der »Biss«. Sie werden träge und antriebsarm. Sie setzen sich keine Ziele und vertrödeln Ihre Zeit.

Vor Jahren hatte ich Arbeitsräume bei einer in diesem Sinne überentspannten Frau gemietet. Sie besaß genügend Geld, um nicht arbeiten zu müssen. Wenn ich morgens früh begann, schlief sie noch fest. Mittags, wenn ich Pause machte, saß sie im Bademantel in der Küche und frühstückte. Wenn ich abends das Haus verließ, überlegte sie gerade, was sie zum Ausgehen anziehen sollte. Ich weiß noch, wie glühend ich sie damals darum beneidete, dass sie tun und lassen konnte, was sie wollte. Doch das Interessante war, dass es ihr mit mir genauso ging: Sie hätte liebend gerne eine intensive, sinnvolle Tätigkeit gehabt. Aber sie konnte sich nicht aufraffen. Dazu fehlten ihr die Energie und der Impuls.

Die Gründe für Trägheit und Passivität liegen selten in einem phlegmatischen Naturell. Meist steckt die Angst dahinter, sich falsch zu entscheiden. Wenn Sie gar nichts tun, können Sie auch nichts verkehrt machen. Und wenn Sie nichts anstreben, werden Sie auch nicht enttäuscht.

Möglicherweise sind Ihre Erwartungen an sich selbst so hoch, dass Sie gar nicht erst anfangen. Im schlimmsten Fall führt das zu einer Arbeitsstörung, die aus eigener Kraft nicht mehr behoben werden kann. Ich kenne einen Regisseur, der seit Jahren keinen Film mehr gedreht hat. Seine künstlerischen Ansprüche sind so hoch, dass er nicht in der Lage ist, sie in die Praxis umzusetzen.

Manche Menschen fühlen sich von weit gesteckten Zielen eben nicht beflügelt, sondern gelähmt, weil ihre oft tief verborgenen Minderwertigkeitsgefühle dadurch aktiviert werden. Hier hilft eine Kur der kleinen Schritte: Trainieren Sie, wie es der Coach Bodo Schäfer ausdrückt, Ihren Entscheidungsmuskel. Üben Sie, in Alltagsdingen, schnell zu wählen. Studieren Sie z. B. im Restaurant nicht stundenlang die Speisekarte, sondern bestellen Sie entschlossen ein Gericht, auch auf die Gefahr hin, dass Sie vielleicht nicht Ihr Lieblingsessen gewählt haben. Setzen Sie sich Mini-Ziele, die für Sie erreichbar sind. Überfordern Sie sich nicht, aber halten Sie unbedingt ein, was Sie sich vorgenommen haben. Indem Sie handeln, können Sie im Tun Ihr Bild von sich selbst positiv ändern und die Waage ins Gleichgewicht bringen.

Anspannung und Entspannung im Gleichgewicht

Wenn Anspannung und Entspannung in der Balance sind, fühlt es sich so natürlich an wie Ihr Atemrhythmus. Einatmen – Ausatmen, Spannung – Entspannung, im regelmäßigen Wechsel. Allerdings kann Ihnen niemand vorschreiben, wann dieser Wechsel stattfinden soll. Dazu müssen Sie sorgfältig in sich hineinhören.

Finden Sie Ihren individuellen richtigen Augenblick. Entspannen Sie sich, lassen Sie Ihre Arbeit los, bevor Sie sämtliche Reserven aufgebraucht haben. Werden Sie aktiv, geben Sie sich innerlich einen Ruck, bevor Sie komplett im süßen Nichtstun versinken. Vielleicht hilft Ihnen dabei das Bild einer Wippe, wie sie auf Kinderspielplätzen steht: Um nach oben zu kommen, müssen Sie mit den Füßen kräftig Schwung geben, und um wieder herunterzukommen, müssen Sie sich zurücklehnen und ganz schwer machen. Sie werden sehen: Das Gleichgewicht in Anspannung und Entspannung führt Sie zügig, aber ohne Hast zu Ihrem Ziel.

Wie Sie andere Gegensätze korrigieren können

Wir haben jetzt einen ausführlichen Blick auf zwei wichtige Bereiche geworfen, in denen Gleichgewicht gefragt ist. Doch möglicherweise liegt Ihr Ungleichgewicht auf einem anderen Gebiet, etwa »Männlichkeit – Weiblichkeit«, »Stärke – Schwäche«, »Lust – Unlust« oder »Freude – Depression«. In jedem Fall können Sie in genau der gleichen Weise vorgehen, wie wir es bei unseren beiden Beispielen getan haben:

- Werden Sie sich darüber klar, auf welchem Gebiet ein Ungleichgewicht herrscht.
- Finden Sie die Gründe heraus, warum Sie gerade hier so einseitig sind.
- Richten Sie Ihre Aufmerksamkeit auf die Seite, die bisher zu kurz gekommen ist.
- Machen Sie sich Gedanken darüber, wie es aussieht, wenn Sie diese Seite optimal ausfüllen.
- Beginnen Sie mit kleinen Schritten, die bisher vernachlässigte Seite zu betonen. Überfordern Sie sich nicht, aber arbeiten Sie konsequent daran.

Ihre Lebensbereiche – ein Mobile

Gegensätze ins Gleichgewicht zu bringen ist nicht alles. Darüber hinaus gibt es komplexe Systeme, für die eine Balance ebenso wichtig ist. Das gilt vor allem für die einzelnen Lebensbereiche. Für sie stellt ein Mobile das passende Modell dar, denn es verbindet mehrere einzelne Objekte in vollkommenem Gleichgewicht miteinander.

Wie bei einem Mobile sollten Ihre verschiedenen Lebensbereiche in einem ausgewogenen Verhältnis zueinander stehen. Im Allgemeinen zählen dazu:

- Beruf
- Partnerschaft
- Familie
- Freunde
- Hobby
- Zeit zur Entspannung
- Persönliche Weiterentwicklung
- Engagement für andere Menschen

Vielleicht gibt es für Sie auch noch weitere Gebiete, die Sie hier anfügen können.

Für die Aufteilung Ihrer Lebensbereiche gibt es keine festgelegte Norm. Niemand kann Ihnen vorschreiben, in welchem prozentualen Verhältnis zueinander die einzelnen Gebiete stehen müssen, um ausgeglichen zu sein. Schließlich hängt das ja auch von Ihrer Lebenssituation ab. Wenn Sie sich gerade selbständig gemacht haben, wiegt sicher Ihre Arbeit besonders schwer. Sind Sie Hausfrau oder Hausmann, hat Ihre Familie größeres Gewicht. Falls Sie keinen Partner oder keine Familie haben, sind diese Bereiche vorerst überhaupt nicht ausgefüllt. Doch eines steht fest: Auch wenn Sie das eine Zeit lang variabel handhaben können, braucht doch jeder Teil ein Mindestmaß an Aufmerksamkeit. Sonst gerät Ihr Lebensmobile aus dem Gleichgewicht. Dadurch können Sie in Ihrer persönlichen Entwicklung stagnieren, Kummer vorprogrammieren, sich irgendwann einsam fühlen oder konkrete Nachteile erfahren.

Eine Schieflage in Ihrem Lebensmobile entsteht zum Beispiel, wenn Sie sich in einem Bereich allzu leidenschaftlich engagieren und dafür andere vernachlässigen.

Tobias, Rechtsanwalt und Vater von zwei Jungen, geht ganz in den sportlichen Aktivitäten seiner Kinder auf: Im Fußballverein seines jüngsten Sohnes hat er die Mannschaftsbetreuung übernommen, im Hockeyverein des Ältesten sitzt er im Vorstand und macht die Organisation. Natürlich ist er auch bei sämtlichen Trainings und Auswärtsspielen der Kids dabei. Schließlich muss er sie doch coachen und anfeuern. Dadurch vernachlässigt er seinen Beruf und macht im Grunde höchstens einen Halbtagsjob. Einige seiner Klienten sind schon verärgert abgesprungen.

Carola arbeitet in der Marketingabteilung eines Kosmetik-Konzerns. Für sie steht ihre Karriere an oberster Stelle. Wenn ihr Chef ihr kurz vor Feierabend noch einen Auftrag auf den Tisch legt, macht sie selbstverständlich Überstunden. Mit einem kurzen Anruf meldet sie sich bei Mann und Tochter ab, die dann wieder einmal ohne sie zu Abend essen. Dass ihr Familienleben und ihre Partnerschaft darunter leidet, drängt sie beiseite.

Können Sie wirklich eindeutig sagen, ob Ihre verschiedenen Lebensbereiche im Gleichgewicht sind? Eine Prüfung lohnt sich jedenfalls. Damit Sie einen guten Überblick bekommen, schlage ich Ihnen folgende Methode vor:

- Nehmen Sie ein großes Blatt Papier. Legen Sie es mit der breiten Seite nach oben und ziehen Sie am oberen Rand von links nach rechts einen Strich.
- Schreiben Sie nun mit genügend Abstand voneinander beliebig auf dem ganzen Blatt verteilt die genannten Lebensbereiche auf: Beruf, Hobbies, Freunde, Partnerschaft bzw. Partnersuche, Familie, Zeit für sich selbst, Investition in persönliche Entwick-

lung, Engagement für Mitmenschen. Fügen Sie diejenigen hinzu, die Ihnen außerdem wichtig sind.

- Ziehen Sie um jeden Bereich einen Kreis in der Größe, die seiner gegenwärtigen Bedeutung für Sie entspricht. Beispiel: Wenn Sie Ihrer Familie viel Zeit widmen, machen Sie einen großen Kreis um das Wort »Familie«. Wenn Sie nur selten Ihrem Hobby nachgehen, machen Sie um »Hobby« einen kleinen Kreis. Falls ein Bereich überhaupt nicht abgedeckt wird, umrahmen Sie nur das Wort.
- Ziehen Sie nun von jedem Kreis einen senkrechten Strich zur Linie am oberen Blattrand. Auf diese Weise erhalten Sie Ihr aktuelles Lebensmobile.

Lassen Sie jetzt das Gesamtbild intuitiv auf sich wirken. Anstatt genau abzuwägen, erfassen Sie gefühlsmäßig, wie die Dinge stehen. Haben Sie den Eindruck, dass Ihr Lebensmobile insgesamt im Gleichgewicht ist? Es kann durchaus sein, dass ein großer Bereich von mehreren kleinen ausgeglichen wird. Bei meinem Mobile ist der Bereich »Arbeit« ein ziemlicher Brocken, aber er wird durch die drei kleineren Kreise »Hobbies«, »Freunde« und »Zeit für mich« recht gut ausbalanciert.

Falls Sie finden, dass Ihr Mobile nicht im Gleichgewicht ist, nehmen Sie einen Rotstift und verändern Sie damit die jeweiligen Kreise so, wie Sie es sich wünschen. Machen Sie sie kleiner oder größer, ganz wie es Ihrer Ansicht nach am besten wäre.

Schauen Sie sich jetzt das korrigierte Bild an. Überlegen Sie für jeden Bereich mit einem roten Kreis: Was muss ich tun, um diese Verkleinerung oder Vergrößerung konkret umzusetzen? Lassen

Sie sich so viele Lösungen wie möglich einfallen. Notieren Sie sie unter dem jeweiligen Stichwort auf ein Extrablatt. Angenommen, Sie wollen den Bereich Partnerschaft vergrößern. Dann können Sie beschließen, für die nächste Woche Kinokarten zu besorgen. Oder Sie möchten den Bereich Hobby erweitern. Sie nehmen sich vor, in das neue Volkshochschulverzeichnis zu schauen, um Anregungen zu erhalten. Vielleicht möchten Sie den Bereich Beruf verkleinern und entscheiden sich, ein Seminar über Zeitmanagement zu besuchen, um mehr Freiheit zu gewinnen. Und so weiter. Auf diese Weise erstellen Sie Ihr individuelles Programm. Fangen Sie sofort an, je einen Punkt pro Bereich umzusetzen. Damit tun Sie den ersten Schritt, Ihre verschiedenen Lebensbereiche in die für Sie richtige Balance zu bringen.

Die Lebensbereiche im Gleichgewicht

Wenn Sie es geschafft haben, alle wichtigen Lebensbereiche zu berücksichtigen, führen Sie ein erfülltes Dasein. Sie beschränken sich nicht länger auf einen kleinen Ausschnitt Ihres Lebens, sondern genießen alles, was es zu bieten hat. Sie treffen sich z. B. nach intensiver Arbeit mit Freunden. Sie ziehen sich aus dem turbulenten Familienleben für eine Weile zurück, um ein Buch zu lesen. Sie tun etwas für andere, verfolgen dann aber auch wieder eigene Interessen. Sie werden sehen, wie glücklich und zufrieden solche harmonischen Wechsel machen.

Darüber hinaus schließen Sie auf diese Weise mit sich selbst eine hervorragende Lebensversicherung ab. Weil in der Balance ein Bereich den anderen stützt, sind Sie gegen viele Krisen gut gewappnet. Die amerikanische Psychologin Susan Jeffers spricht in dem Fall von einem »Lebensnetz«.[14] Je kompletter Ihr Netz geknüpft ist, desto besser werden Sie in Krisenzeiten aufgefangen. Wenn etwa Ihr Partner Sie verlässt, haben Sie immer noch Ihre Freunde, Ihre Hobbies, eine erfüllende Arbeit. Wenn man Ihnen kündigt, fallen Sie nicht ins Bodenlose, sondern finden Rückhalt in Ihrer Familie oder nehmen sich Zeit, neue Pläne zu machen. Ein intaktes Lebensnetz setzt jedoch voraus, dass Sie sich nicht erst im Notfall um ein Gleichgewicht bemühen, sondern es rechtzeitig pflegen.

Die spirituelle Balance: Körper, Geist und Seele

Es gibt noch ein weiteres Gleichgewicht, das dem der Gegensätze und Lebensbereiche übergeordnet ist: das von Körper, Geist und Seele. Hierfür existiert sogar ein aus esoterischem Wissen überliefertes Modell, mit dessen Hilfe sich die Harmonie zwischen den Dreien verdeutlichen lässt. Das gleichseitige Dreieck gilt als Symbol für ein ausgeglichenes Verhältnis von Körper, Geist und Seele.

Jahrhundertelang haben sich immer wieder berühmte Philosophen darüber gestritten, in welcher Wechselwirkung die drei zueinander stehen. Unter der großen Überschrift »Psychophysisches Problem« wurde das Gewicht von einer Seite auf die andere verlagert und manchmal wurde sogar ein Teil schlichtweg geleugnet.

Dieser Disput ist zwar theoretisch sehr interessant, bringt Ihnen für ein ausgewogenes, glückliches Leben jedoch wenig. In der Praxis fällt es viel leichter, Körper, Geist und Seele als gleichberechtigt anzuerkennen. Offenbar gehören sie einfach zu uns. Ich bin jedenfalls noch keinem glücklichen und dauerhaft erfolgreichen Menschen begegnet, bei dem sich diese drei nicht einigermaßen im Gleichgewicht befanden. Sicher kommen Sie bei einem Blick auf Ihren Bekannten- und Freundeskreis zu ähnlichen Ergebnissen.

Sehen wir uns also für jeden der drei Bereiche an, was zu seiner Ausgewogenheit gehört. Dann können Sie am besten entscheiden, was Sie für sich nutzen wollen.

Das braucht Ihr Körper

Inzwischen werden in jeder populären Zeitschrift ausführliche Hinweise dazu gegeben, was für den Körper gut ist. Wahrscheinlich können Sie schon herunterbeten, welche Vitamine in welchem Gemüse enthalten sind oder welche Gymnastikprogramme es für mehr Beweglichkeit und eine gute Figur gibt. »Wellness«, Wohlgefühl, lautet das Schlagwort, unter dem sich sämtliche Ratschläge fassen lassen. Ich brauche Ihnen also an dieser Stelle ganz gewiss nicht aufzuführen, was Ihren Körper gesund und gepflegt hält. Ich möchte Sie vielmehr dazu anregen, Ihr Wissen auch umzusetzen. Tun Sie das, bevor Ihr Körper Sie selbst dazu zwingt, indem er mit Schmerzen sein stärkstes Signal sendet. So lange sollten Sie auf keinen Fall warten. Schenken Sie Ihrem Körper täglich bewusst Aufmerksamkeit. Etwa indem Sie nicht den ganzen Tag auf Ihrem Bürostuhl sitzen, sondern sich zwischendurch bewegen. Oder indem Sie, statt Alkohol zu trinken, andere Entspannungsmethoden nutzen.

Allerdings bedeutet Aufmerksamkeit nicht, dass Sie es mit Ihrer Pflege übertreiben sollen. Sobald das Pendel zur anderen Seite ausschlägt, ist die Harmonie ebenfalls gestört. Zu viel Körperkult kann dazu führen, dass Sie sich nur noch über Ihr Äußeres definieren. Mit dem Effekt, dass Sie sich beim kleinsten Pickel am liebsten eine Tarnkappe aufsetzen möchten und mit ein paar Pfund zu viel kein Schwimmbad mehr betreten. Oder dass Sie es mit Sport und Diäten übertreiben.

Wollen Sie sich wohl in Ihrer Haut fühlen, dann hören Sie rechtzeitig und sensibel auf Ihren Körper. Er teilt Ihnen genau mit, ob er Ruhe oder Bewegung braucht und welche Nahrung ihn mit Energie auflädt. Beachten Sie Ihren Körper nicht nur, *achten* Sie ihn. Sehen Sie ihn als etwas Kostbares und Besonderes an, ohne es zu übertreiben.

Das braucht Ihr Geist

Ich vermute, Ihnen geht es ähnlich wie mir: Die ersten Tage nach einem Urlaub sind immer richtig anstrengend. Ich habe den Eindruck, in meinem Gehirn läuft ein Schonprogramm. Meist brauche ich eine ganze Weile, um wie gewohnt zu reagieren und meine

Arbeit zügig zu erledigen. Ursprünglich habe ich das unter »Arbeitsunlust« verbucht. Nach ein paar entspannten Wochen mag man halt nicht wieder in die Tretmühle. Inzwischen haben mich wissenschaftliche Untersuchungen jedoch eines Besseren belehrt. Wenn wir über längere Zeit im Liegestuhl dösen, beim Essen belanglos plaudern, höchstens mal die Zeitung lesen, stellt unser Gehirn einen Teil seiner Arbeit ein. Sobald wir dann zu Hause wieder gefordert sind, müssen wir es regelrecht neu trainieren. Offenbar brauchen unsere kleinen grauen Zellen täglich Stoff, um fit zu bleiben.

Den können Sie ihnen natürlich auf leichtem Wege zuführen. Zum Beispiel, indem Sie ein Kreuzworträtsel lösen, eine Partie Schach spielen oder durchs Internet surfen. So etwas bezeichnet man gerne als »Gehirnjogging«. Keine Frage, das macht Spaß und aktiviert. Doch für das geistige Wohlgefühl reicht das nicht aus. Sie brauchen Anregungen, die Ihr Denken wirklich beleben. Dazu gehören vor allem solche, die Ihre Kreativität wecken. Wenn Sie ein Referat ausarbeiten, eine Strategie für Ihre Karriere entwerfen, ein Computerprogramm schreiben oder eine Geburtstagsparty planen, sind Sie schöpferisch tätig.

Auf besondere Art anregend ist es, sich mit den Gedanken bedeutender Menschen auseinander zu setzen. Wen Sie sich dazu aussuchen, hängt ganz von Ihrem Interesse ab. Die Vertreter verschiedener Disziplinen haben sich meist schriftlich mit den wichtigen Fragen unseres Daseins beschäftigt. Haben Sie keine Angst, dass die Lektüre zu kompliziert sein könnte oder dass Ihnen die nötige Vorbildung fehlt. Nach meiner Erfahrung haben es diejenigen, die wirklich etwas zu sagen haben, nicht nötig, mit Fremdwörtern und komplizierten Satzbauten ihr Wissen zu belegen. Das beweisen Autoren wie der Psychoanalytiker Erich Fromm, der Philosoph Martin Buber, der Biologe Rupert Sheldrack oder der Dalai Lama, religiöses Oberhaupt der Tibeter. Sich mit den Werken weiser und kluger Menschen zu befassen erweitert Ihren Horizont und schenkt Ihnen geistiges Handwerkszeug, um mit eigenen Lebensproblemen fertig zu werden.

Überhaupt tut es gut, sich geistig zu öffnen. Je mehr es Ihnen gelingt, neuen Ideen gegenüber aufgeschlossen zu sein, desto beweglicher bleibt Ihr Geist. Im Gegensatz zum Körper können Sie Ihren Geist nämlich jung und frisch erhalten. Neulich sah ich auf der Straße eine Frau, die ein T-Shirt mit dem Aufdruck trug:»Ich werde nicht älter, nur besser!« Davon dürfen Sie ausgehen, wenn Sie Ihrem Geist optimale Nahrung geben.

Doch auch auf geistigem Gebiet gilt: Übertreibung schadet. Menschen, die ihren Verstand überbetonen, erscheinen leicht kopflastig. Ich kenne einen Professor für Theologie und Philosophie, der auf seinem Gebiet ein wandelndes Lexikon ist. Sobald man ihm ein Stichwort gibt, referiert er sämtliche Einzelheiten. Das ist zwar beeindruckend, doch wirkt er bei aller Klugheit unlebendig.

Ähnlich eingeschränkt erscheinen auch Menschen, die alles zerpflücken müssen und nur rationale Argumente gelten lassen. Was sie nicht erklären können, existiert einfach nicht. Diese Einstellung ist im wahrsten Sinne des Wortes engstirnig. Halten Sie es lieber mit Shakespeare, der meinte, dass es weit mehr Dinge zwischen Himmel und Erde gibt, als sich unser Schulwissen träumen lässt.

Ihr Geist ist ein wunderbares Instrument, um Probleme zu lösen und Fragen zu beantworten. Er hilft Ihnen, Ihr Wissen zu vermehren und die Welt so weit wie möglich zu verstehen. Er schenkt Ihnen den Genuss, sich und andere tiefer zu erkennen. Ihr Denken hat entscheidenden Anteil daran, wie Ihr Leben verläuft. Nutzen Sie also Ihren Geist und geben Sie ihm wertvolle Anregungen.

Das braucht Ihre Seele

»Was hülfe es dem Menschen, wenn er die ganze Welt gewönne und nähme doch Schaden an seiner Seele«, heißt es in etwas altmodischer Sprache in der Bibel. Schon seit zweitausend Jahren deutet dieser weise Spruch darauf hin, dass unsere Seele über der »Welt«, über dem Materiellen, steht.

Tatsächlich braucht unsere Seele weniger handfeste Zuwendung als Körper und Geist. Ihre Nahrung ist mehr ideeller Art. Sie wird vor allem durch Schönheit angesprochen. Das haben Sie sicher selbst schon häufig erfahren. Etwa in der Natur, wenn Sie eine wunderbare Landschaft sehen, schneebedeckte Berge, verschiedene Blautöne des Meeres, einen prächtigen Sonnenuntergang. Oder wenn Sie Musik hören, bei der Sie ergriffen sind. Nicht umsonst nennt man Musik die Sprache der Seele.

Auch andere Kunstrichtungen haben eine ähnlich berührende Wirkung. So können Sie zum Beispiel durch ein Theaterstück, einen Film oder eine Skulptur bewegt werden. Vielleicht fühlen Sie sich auch durch eine bestimmte Malerei angesprochen. Mir ging es so mit Henri Matisse. Vor Jahren besuchte ich eine Gesamtausstellung seiner Werke im Museum of Modern Art in New York. Als ich in einem Saal des Museums seine letzten Arbeiten sah, die er im Alter geschaffen hatte, kamen mir die Tränen. Sie waren so voll Licht, dass sie mich zutiefst anrührten. Vor den anderen Besuchern war mir meine Reaktion ein bisschen peinlich, und ich hoffte, dass ein zufälliger Beobachter eher auf schwere Erkältung tippen würde. Doch gleichzeitig war ich absolut glücklich.

Es muss nicht immer Kunst sein. Schönheit kann auch in Dingen des täglichen Bedarfs, in Kleidung oder der Wohnungseinrichtung zu finden sein. Möbel wie die Liege von LeCorbusier oder die Stühle von Thonet sind deshalb Klassiker, weil sie unabhängig von aktueller Mode eine Schönheit besitzen, die uns berührt. Das klingt jetzt vielleicht so, als müssten Sie tief in die Tasche greifen, um Ihrer Seele diese Art von Schönheit zu bieten. Leider ist manches tatsächlich sehr teuer, doch letztlich ist es keine Frage des Preises, sondern des Geschmacks. Eine weiße Schale von Woolworth kann denselben ästhetischen Effekt haben wie Meißner Porzellan. Wichtig ist, dass Sie die Dinge bewusst wählen, mit denen Sie sich umgeben. Verzichten Sie lieber, bevor Sie etwas kaufen, das Sie nicht wirklich erfreut.

Noch etwas braucht Ihre Seele: einen Sinn. Wenn Sie nicht mehr wissen, *warum* Sie etwas tun, verliert Ihr Leben seinen Glanz. Ihre Arbeit wird stumpf, Ihre Vergnügen werden schal. Eine Weile können Sie zwar durch Interesse oder materielle Gewinne durchaus zufrieden gestellt sein, doch früher oder später stellt sich die Frage nach dem Wozu. Nicht umsonst gibt es das

Phänomen der Midlife-Crisis. In der Lebensmitte greifen die üblichen Ablenkungen und Belohnungen wie Geld oder beruflicher Erfolg nicht mehr, weil man ihnen lange genug nachgejagt ist oder sie zur Genüge genossen hat. Spätestens dann kommt Ihre Seele zu Wort und will wissen, wofür Sie das Ganze tun. Meist meldet sie sich aber schon viel früher.

Lebenssinn schenkt vor allem der Glaube an eine höhere Macht. Sei es nun, dass Sie ihn im Rahmen einer bestimmten Religion praktizieren oder weiter gefasst als kosmische Ordnung sehen. Damit verbundene Rituale wie kirchliche Feste, geistliche Lieder, Meditationen oder Gebete tun Ihrer Seele wohl, weil sie Sie an diesen höheren Sinn erinnern.

Doch Sie müssen nicht unbedingt religiös sein. Einen Sinn finden Sie auch, wenn Sie das, was Sie tun, in größerem Zusammenhang sehen, es einem höheren Zweck unterordnen. Eine der besten Möglichkeiten dazu ist, anderen etwas zu geben. Wenn Sie Ihre Kinder liebevoll erziehen oder einen sozialen Beruf ausüben, liegt der Sinn bereits darin. Doch Sie können jeder Tätigkeit und jedem Zustand Bedeutung verleihen, wenn Sie ihn für andere fruchtbar machen.

Und was ist mit zu viel Seele? Schließlich ist auch hier eine Überbetonung möglich. Wenn man jemanden als »eine Seele von Mensch« bezeichnet, meint man damit meist, dass derjenige sogar sein letztes Hemd für andere weggeben würde. Menschen, bei denen die Seele überbetont ist, sind meist nicht so ganz von dieser Welt. Sie sind weniger lebenstüchtig und stehen immer in Gefahr, ausgenutzt zu werden. Oft wecken sie in anderen den Impuls, sie zu beschützen. Gleichzeitig können sie einen aber auch mit ihrer

Naivität zur Verzweiflung bringen. Übertreiben Sie es also bitte nicht mit Ihrer Seelenpflege, sonst verlieren Sie den Boden unter den Füßen.

Ein arabisches Sprichwort lautet: »Erst binde deinem Kamel die Füße zusammen, dann bete zu Allah.«

In diesem Sinne sollten Sie sich um die Balance von Körper, Geist und Seele kümmern: Regeln Sie praktisch die täglichen Dinge und achten Sie gleichzeitig darauf, dass Ihre Seele nicht zu kurz kommt. Wenn Sie jedem der drei Bereiche Ihrer menschlichen Existenz die Bedeutung geben, die er verdient, befinden Sie sich im Gleichgewicht.

Jedes Gleichgewicht hat einen Mittelpunkt

Jedes Gleichgewicht, sei es das einer Waage, eines Mobiles oder eines Dreiecks, bezieht sich auf einen zentralen Punkt. Für uns Menschen repräsentiert er, was wir unsere »Mitte« nennen. Wenn Sie Ihr Leben mit seinen verschiedenen Facetten ins Gleichgewicht bringen wollen, sollten Sie auch ihm Aufmerksamkeit schenken.

Ihren persönlichen Mittelpunkt entdecken Sie vor allem, wenn Sie in Ruhe sind. Nicht umsonst sprechen wir davon, jemand sei »außer sich«, etwa vor Zorn, Ärger oder Schmerz, sobald er seine ruhige Mitte verloren hat. Ihre Mitte finden Sie, indem Sie sich zurückziehen und sich besinnen. Dazu gibt es verschiedene bewährte Wege.

Wohl der bekannteste ist die Meditation, in der Sie auf Ihren Atem achten oder ein Mantra wiederholen. Yoga, das chinesische Schattenboxen T'ai-chi oder westliche Entspannungstechniken wie das Autogene Training helfen Ihnen ebenfalls, sich zu zentrieren. Sie können sich auch ganz profan stabilisieren, indem Sie sich gemütlich in die Badewanne legen und vor sich hin träumen oder in einer ruhigen Stunde über die Fragen nachdenken: Wer bin ich eigentlich? Wie bin ich wirklich? Warum bin ich auf der Welt? Wo will ich hin? Auf welchem Gebiet auch immer Sie sich Gleichgewicht wünschen, aus Ihrem Mittelpunkt heraus wird es Ihnen leichter gelingen, es zu finden.

An meiner Pinnwand im Büro hängt als ständige Mahnung eine Karte mit dem Spruch: »Natürlich weiß der Mensch, was gut für ihn ist – aber dann hat er doch wieder keine Zeit!« Ich bin sicher, Sie wissen längst, was gut für Sie ist. Und Sie wissen auch sehr wohl, welche Seite Sie bisher vernachlässigt haben, weil anderes Ihnen wichtiger erschien. Machen Sie sich die Mühe, es jetzt ins Gleichgewicht zu bringen. Wir vergessen oft, dass unsere Zeit begrenzt ist, und gehen deshalb viel zu leichtsinnig mit ihr um. Vor einigen Tagen erhielt ich die Todesanzeige eines Kollegen. Er war in meinem Alter. Noch vor ein paar Monaten hatten wir miteinander telefoniert. Er erzählte mir, was er sich alles für später vorgenommen hätte. Sobald er nicht mehr so viel arbeiten müsste, wollte er aufs Land ziehen, reisen. Nun war er überraschend an Krebs gestorben. Für seine Freunde und auch für mich ist sein plötzlicher Tod eine deutliche Mahnung, das Leben rechtzeitig ins Gleichgewicht zu bringen.

»Carpe diem«, pflücke den Tag, sagt der Dichter Horaz. Sie

können das als Aufruf zum puren Vergnügen ohne Blick auf morgen verstehen – oder als Hinweis, jeden Tag für die richtige Balance zu sorgen. Sie werden merken, dass ein Tag im Gleichgewicht ein noch viel größerer Genuss ist. Indem Sie in allen Bereichen auf Gleichgewicht achten, gestalten Sie Ihr Leben zu einem Gesamtkunstwerk, das Sie tief befriedigt.

Sechste Spielregel:
Übernehmen Sie die Verantwortung

Ich kann gut verstehen, wenn Sie bei dieser Spielregel spontan abwinken. Vermutlich werden Sie schon genug in die Pflicht genommen: Sie sollen bei der Arbeit Ihr Bestes geben. Eine gute Partnerschaft führen. Keine Schulden machen. Für Ihre Kinder sorgen. An Ihre Alterssicherung denken. Sich weiterbilden. Ihre Persönlichkeit entfalten. Auf Ihre Gesundheit achten. Sich passend anziehen. Vernünftig Auto fahren. Verantwortung lauert auf allen Gebieten. Und dann kommt eine Psychologin daher und will Ihnen noch mehr davon aufbürden? Danke, es reicht.

Stimmt, diese Art von Verantwortung reicht tatsächlich. Sie dient dazu, dass Sie Ihr Leben geordnet führen und für andere verlässlich erscheinen. Ich bin sicher, dass Sie das als erwachsener Mensch mehr oder minder gut hinbekommen. Dazu brauchen Sie gewiss keine zusätzlichen Ratschläge. Die Verantwortung, um die es hier geht, sieht anders aus. Doch bevor wir darüber reden, möchte ich Sie bitten, erst einmal einen kleinen Check zu machen. Beantworten Sie die folgenden Fragen, so weit sie Ihre Lebenssituation betreffen:

- Woran liegt es, dass Sie nicht soviel Geld verdienen, wie Sie möchten?

- Warum sind Sie auf der Karriereleiter noch nicht da angekommen, wo Sie hin wollen?
- Wie kommt es, dass Sie nicht die richtige Ausbildung haben?
- Warum wohnen Sie nicht so, wie Sie es sich vorstellen?
- Woran liegt es, dass Sie keinen Partner, keine Partnerin finden?
- An wem liegt es, dass Ihre Beziehung nicht so glücklich ist, wie Sie es sich wünschen?
- Warum sind Ihre Kinder nicht so geraten, wie Sie es gerne hätten?
- Was verhindert, dass Sie die Reisen machen, von denen Sie träumen?
- Warum sind Sie nicht attraktiv genug?
- Warum haben Sie Minderwertigkeitsgefühle?
- Woran liegt es, dass Sie unglücklich sind?
- Warum sind Sie einsam?
- Warum haben Sie so wenig Zeit?
- Warum sind Sie im Stress?

Ich habe auf diese Fragen schon viele überzeugende Antworten bekommen. Hier sind ein paar Kostproben:

Zum Thema Geld: »Das Finanzamt holt sich fast die Hälfte von meinem Einkommen. Richtige Räuber sind das. Und dann habe ich auch noch jede Menge feste Kosten, für mein Büro, meine Mitarbeiterin, die Versicherungen. Reich werden? Ich bin froh, wenn es reicht!«

Zum Thema Beziehung: »Mein Mann ist furchtbar cholerisch. Bei jeder Kleinigkeit geht er hoch. Wenn er mal nicht da ist, blühe ich richtig auf. Am liebsten möchte ich mich von ihm trennen, aber mit zwei kleinen Kindern geht das nicht so einfach.«

Zum Thema Karriere: »Unsere Abteilung ist das reinste Haifischbecken. Wenn Sie nicht schmeicheln und intrigieren, kommen Sie kein Stück weiter. Mir liegt so was nicht. Ich mache meine Arbeit gut, aber glauben Sie, das wird anerkannt? Die Schaumschläger, die kommen vorwärts, obwohl sie nicht halb so viel können wie ich.«

Zum Thema Minderwertigkeitsgefühle: »Meine Eltern stammen aus einfachen Verhältnissen. Als Kind habe ich mich immer geschämt, Schulkameraden mit nach Hause zu nehmen. So etwas sitzt schon tief. Noch heute bin ich manchmal ganz verkrampft, wenn ich mit Geschäftsfreunden essen gehe, weil ich nicht weiß, wie man Hummer oder solche komplizierten Sachen richtig isst.«

Zum Thema Partnersuche: »Die Männer in meinem Alter wollen doch alle was Jüngeres. Wenn ich mal einen gut finde, dann ist der garantiert verheiratet. Oder es stellt sich später raus, dass er irgendeine Macke hat, geizig ist, sich nicht binden will oder zu viel trinkt.«

Zum Thema Wohnen: »Für das Geld, das ich gespart habe, kriegen Sie in der Großstadt doch höchstens zwei Zimmer. Wissen Sie, wie viel ich hier für mein Traumhaus zahlen müsste? Zwei Millionen. Wo soll ich die denn hernehmen?«

Diese Gründe hören sich vermutlich auch für Sie recht überzeugend an. Vergleichen Sie sie doch bitte einmal mit denen, die Sie gefunden haben. Abgesehen davon, dass Ihre Argumente vielleicht etwas anders klingen – haben Sie die Ursachen ebenfalls bei anderen Menschen oder widrigen Umständen gesucht? Wenn ja, wäre das ganz normal und sehr verständlich. Ich habe jedenfalls nicht erwartet, dass Sie selbstkritisch auf jede Frage antworten: »Das liegt natürlich an mir!«

Sind Sie ein armes Opfer?

Wir alle haben über einen langen Zeitraum gelernt, Verantwortung abzugeben. In unserer Kindheit übernehmen unsere Eltern die meiste Verantwortung. Täten sie das nicht, würden wir kaum die ersten drei Jahre überleben und in den folgenden garantiert gravierende Schäden davontragen. Später als Jugendliche wären wir zwar in der Lage, vieles selbst zu entscheiden, doch die Erwachsenen behalten auch weiterhin gerne die Kontrolle. Sie meinen, sie wüssten, was für uns richtig ist. In dem von ihnen gesteckten Rahmen halten sie uns dann durchaus zur Verantwortung an. Sie drängen darauf, dass wir intensiv lernen, passende Freundschaften knüpfen, unser eigenes Geld verdienen. Doch sie bringen uns selten echte Verantwortung bei: In Freiheit für das einzustehen, was wir denken und tun, uns nicht zu sehr anzupassen, unseren Weg zu gehen, mutig Fehler zu machen und aus ihnen zu lernen.

Fazit: Wenn wir unser Elternhaus verlassen, sind wir bestens trainiert, mehr auf andere zu schauen als auf uns selbst. Äußerlich sind wir zwar erwachsen und regeln unser Leben souverän, doch innerlich befinden wir uns weiterhin in einem kindlichen Status. Wir machen andere für das verantwortlich, was uns geschieht.

Statt der Eltern sind es jetzt vielleicht der Partner, die Vorgesetzten, Freunde oder Kollegen, das Schicksal, Gott, die Sterne, die Kirche, der Guru oder die Umstände.

Wenn es Ihnen ähnlich geht, glauben Sie bewusst oder unbewusst, andere Menschen, Situationen oder Tatsachen seien mächtiger als Sie und Sie könnten gar nichts dagegen tun. Auf diese Weise geben Sie Ihre Stärke ab und lassen sich zum Opfer machen – vom Finanzamt, den falschen Männern oder Frauen, Immobilienpreisen, Ihren dicken Oberschenkeln, Ihrer Erziehung oder Ihrem Chef. Ihnen bleibt nur noch die Möglichkeit, sich zu beklagen und darauf zu hoffen, dass sich die Lage von selbst bessert.

Dabei könnten Sie es belassen. Weil sich die meisten Menschen so verhalten, würde das nicht einmal besonders auffallen. Sie können aber auch beschließen, sich mit dieser Spielregel Ihre angeborene Stärke zurückzuerobern. Verantwortung in diesem Sinne zu übernehmen, heißt: Niemals jemandem oder etwas die Schuld für das zu geben, was Sie sind, tun, haben oder fühlen. Erst wenn Ihnen völlig klar ist, dass Sie und niemand sonst Urheber dessen sind, was Sie erleben, gewinnen Sie die volle Kontrolle über Ihr Leben.

Das klingt in Ihren Ohren jetzt sicher reichlich abgehoben. Vielleicht sind Sie sogar ärgerlich. Das kann ich gut verstehen, denn mir ging es genauso, als ich mit dieser Einstellung das erste Mal in Berührung kam. Ich dachte: »Wieso soll es meine Schuld sein, wenn sich die anderen eindeutig falsch verhalten? Oder wenn ich in eine Situation gerate, für die ich wirklich nichts kann? Überhaupt, wir Frauen sind ohnehin schon viel zu kritisch mit uns selbst, und jetzt sollen wir das wohl auch noch im Dauerabonnement sein. Jedenfalls ist das nur ein Trick, den sich irgend-welche Moralapostel ausgedacht haben, damit ich hübsch den Mund halte und keine berechtigten Forderungen stelle. Für alles die Verantwortung übernehmen? Ich denke ja nicht daran!« Ich fand meine Überlegungen sehr berechtigt – und alles blieb, wie es war. So lange, bis ich akzeptierte, dass ich die Verantwortung für mein Leben übernehmen muss. Da begannen plötzlich erstaun-liche Veränderungen.

Damit will ich nicht behaupten, dass es mir permanent gelingt, Verantwortung zu übernehmen. Es ist verflixt hart, sich immer selbst den Schuh anzuziehen. Schließlich entlastet es auch, wenn man einen Sündenbock findet und so bleiben darf, wie man ist. Manchmal geht es auch einfach darum, Recht zu behalten, nach dem Motto: »Mama ist selbst schuld, wenn mir die Händchen frieren, warum zieht sie mir keine Handschuhe an.« Immerhin ist mir dann zumindest klar, dass ich mich damit selbst lähme.

Der amerikanische Paartherapeut Aaron Beck pflegte Paare, die heftig im Clinch miteinander lagen, zu fragen: »Wollen Sie Recht behalten oder wollen Sie glücklich sein?« Ich möchte seine Frage etwas umformulieren: »Möchten Sie darauf beharren, dass Sie für Ihre gegenwärtige Lage nichts können, oder wollen Sie aktiv etwas daran ändern?« Wenn Ihnen Ihr Glück wichtiger ist als Ihre Be-quemlichkeit oder Ihr scheinbar gutes Recht, dann lassen Sie uns darüber sprechen, wie Ihre Verantwortung aussehen kann.

Erkennen Sie Ihren eigenen Anteil

Jemand klaut Ihnen das Portemonnaie. Ihr Chef ist ein Choleriker. Ein betrunkener Autofahrer fährt Sie auf dem Zebrastreifen an. Ihr Kind hat schlechte Noten in der Schule. Ihr Mann betrügt Sie. Bei einem Börsencrash verlieren Sie zwei Drittel Ihres Geldes. Sie werden wegen Rationalisierung entlassen. Ihr Kollege erkrankt plötzlich, und Sie müssen die doppelte Arbeit machen. Im Urlaub regnet es von morgens bis abends.

Wie viel Prozent Schuld würden Sie sich an solchen Ereignissen geben? Je nach den Umständen würden Sie sich bei einigen sicher ein paar Prozent zugestehen, etwa weil Sie Ihre Aktien nicht klug gestreut oder Ihren Mann in letzter Zeit ziemlich kühl behandelt haben. Bei anderen, wie der Krankheit eines Kollegen, sehen Sie vermutlich keine Verbindung zum eigenen Verhalten.

Auf den ersten Blick scheint Ihr Anteil an bestimmten Ereignissen tatsächlich unterschiedlich groß zu sein. Doch wenn Sie genauer hinschauen, sehen Sie, dass die Dinge ganz anders liegen. Ihr Anteil an den Ereignissen bleibt immer gleich. Unterschiedlich ist nur, in welcher Form er auftritt. Dabei gibt es folgende Möglichkeiten:

- Sie verursachen ein Ereignis aktiv.
- Sie machen eine Situation durch Wechselwirkung möglich.
- Sie ziehen ein Ereignis unbewusst an.
- Sie reagieren auf das, was Ihnen passiert.

Deutlich auf der Hand liegt Ihr Beitrag dort, wo Sie das Ergebnis durch eigene Aktivitäten selbst erzeugen. In dem Fall ist meist auch für alle anderen direkt ersichtlich, dass es nicht an den Umständen liegt, sondern an Ihnen.

Ein Freund von mir, ein Künstler, schafft es immer wieder, sich durch eine gewisse Lässigkeit selbst ein Bein zu stellen. Zu seiner letzten Atelier-Vernissage verschickte er die Einladungen so spät, dass schließlich ganze sechs Leute seine Werke bewunderten. Als er neulich zu einer Kunstmesse nach Mailand wollte, kümmerte er sich zwei Tage vorher um eine Unterkunft. Natürlich war bei dem internationalen Ansturm kein Hotelzimmer mehr frei. Es wäre ziemlich lächerlich, wenn mein Freund nun auf die Bundespost oder die italienischen Hotels schimpfen würde. Er hat selbst Schuld.

Auch Sie wissen sicher recht gut, wann Sie sich etwas zuzuschreiben haben. Etwa wenn Sie vergessen haben zu tanken und Ihr Auto deshalb am Straßenrand liegen bleibt. Oder wenn Sie entgegen aller ärztlichen Warnungen weiter Kette rauchen und sich dadurch Ihre Bronchitis verschlimmert. Da gibt es keine Ausrede: Es ist Ihr Ding. Sie sind mit hundert Prozent dabei.

Manchmal lösen Sie ein Ereignis zwar nicht direkt aus, machen es aber durch Ihr Verhalten oder Ihre Einstellung überhaupt erst möglich. Zu jeder Interaktion gehören nämlich mindestens zwei: Einer, der agiert, und einer, der reagiert. Erst durch Wechselwirkungen kommen bestimmte Situationen zustande.

Marlene, 29, hatte mit Nick, den sie von der Uni her kannte, einen Partyservice aufgemacht. Die beiden ergänzten sich gut: Marlene konnte organisieren, war fit in der Buchhaltung, hatte ein

Händchen für Mitarbeiter. Nick war kreativ, knüpfte leicht Kontakte und feierte gern. So ergab sich eine ungeschriebene Arbeitsteilung: Marlene führte das Büro, Nick machte die Außenkontakte. Ziemlich schnell merkte Marlene, dass Nick sehr dominant war. Vor Kunden spielte er gerne den großen Zampano und tat so, als sei es seine Firma. Marlene behandelte er wie seine Angestellte. Als sie versuchte, mit ihm darüber zu reden, warf er ihr vor: »Du bist einfach zu empfindlich. Überhaupt, wenn dir das nicht passt, dann kannst du dir ja gerne die Nächte mit den Kunden um die Ohren schlagen.« Marlene schwieg, denn das Nachtleben war nun mal nicht ihre Stärke. Und sie hasste Streit. Zwei Jahre später war sie ausgebootet: Nick hat die Firma voll in der Hand. Die Kunden verbanden den Party-Service nur mit seinem Namen. Die Mitarbeiter hörten auf ihn. Marlene, die das zunehmend unerträglich fand, löste schließlich ihren Vertrag. Sie war ziemlich enttäuscht und verbittert. »Ich habe meine ganze Arbeitskraft und viel Geld in das Projekt gesteckt. Nick hat alles an sich gerissen.« Außenstehende, die beide kannten, bestätigten ihr, dass Nick sich ausgesprochen unfair und egozentrisch verhalten hatte. Doch dass er damit so gut durchgekommen war, lag an Marlene. Auf Grund ihres starken Harmoniebedürfnisses hatte sie seine Dominanz viel zu lange hingenommen und ihm nicht entschieden genug Paroli geboten.

Ob Ihr Verhalten eine Situation ermöglicht, können Sie leicht feststellen. Sie brauchen sich nur zu fragen: »Würde das, was mir passiert, in der gleichen Situation auch jedem anderen Menschen passieren?« Verneinen Sie das, dann lohnt es sich, selbstkritisch zu überlegen, welche Ihrer Eigenschaften zu dem Ergebnis beiträgt.

Das Gleiche gilt, wenn Sie etwas *nicht* bekommen, das Sie anstreben. Etwa wenn Ihre Kollegin befördert wird, obwohl Sie eigentlich dran wären, wenn man Sie bei einer Einladung übergeht oder einen geplanten gemeinsamen Urlaub absagt. Anstatt beleidigt zu sein, forschen Sie lieber nach, ob ihr Verhalten die anderen dazu gebracht haben könnte. Vielleicht haben Sie etwas falsch gemacht. Möglich ist auch, dass Sie etwas unterlassen haben oder dass Ihnen etwas fehlt. Sei es, dass Sie zu wenig kontaktfreudig, großzügig oder herzlich sind, dass es Ihnen an Know-how oder Engagement mangelt.

Es kann auch sein, dass Sie ein Ereignis unbewusst anziehen. Sie stehen ganz offensichtlich mit niemandem in Verbindung, beeinflussen die Situation auch nicht willentlich – und haben trotzdem Ihre Finger im Spiel.

In der Psychologie gibt es eine Fachrichtung, die Victimologie heißt, die Lehre von den Opfern. In juristischem Rahmen befasst sie sich damit, welche Menschen besonders leicht Opfer von Gewalttaten werden. Soweit man bisher herausgefunden hat, sind es eher ängstlich und unsicher wirkende Personen, die einen Täter anziehen. Bei ihnen geht ein potentieller Verbrecher davon aus, dass sie sich weniger wehren als solche, die selbstsicher auftreten.

Was für den kriminellen Bereich gilt, lässt sich auf andere Situationen übertragen. Auch ohne bewusst aktiv zu sein, können Sie einfach durch Ihre Ausstrahlung bestimmte Ereignisse anziehen. Das haben Sie garantiert schon erlebt: Wenn Sie gut gelaunt waren, kamen Ihnen plötzlich alle Leute freundlich und nett entgegen, von der Marktfrau bis zu Ihrem Kollegen. Aber wehe, Sie waren schlecht drauf. Dann stritten Sie sich schon morgens in der vollen U-Bahn um einen Sitzplatz, ein Kunde motzte Sie am Telefon an und Ihre Freundin hatte plötzlich keine Lust mehr, sich mit Ihnen zu treffen. Solche Wirkungen entstehen oft unbewusst.

Wenn Ihnen wieder und wieder das Gleiche passiert, ohne dass Sie aktiv etwas dafür getan haben, sollten Sie überlegen: Was ist an mir, das ausgerechnet diese Personen oder diese Situationen anzieht? Falls Sie nicht von selbst darauf kommen, fragen Sie Menschen in Ihrer Umgebung, zu denen Sie Vertrauen haben. Andere sehen das oft besser als wir selbst, weil wir in heiklen Punkten meist einen blinden Fleck haben.

Aber was bleibt Ihnen an Verantwortung, wenn ein Ereignis weder durch Ihr aktives noch durch unbewusstes Zutun entstanden ist? Etwa wenn Sie mit dem Auto wegen eines Unfalls im Stau stehen, oder wenn Sie entlassen werden, weil Ihre Firma Konkurs macht? Dann können Sie doch wirklich nichts dafür. Stimmt. Doch dann liegt es immer noch in Ihrer Hand, wie Sie darauf reagieren.

Als ich kürzlich mit dem Zug nach Süddeutschland fuhr, konnte ich wieder einmal beobachten, wie unterschiedlich Menschen auf eine und dieselbe Situation reagieren. Schon kurz nach der Abfahrt in Hamburg tönte es aus dem Lautsprecher: »Verehrte Fahrgäste, wegen eines Defektes an der Bugschürze des Zuges können wir leider nur mit halber Geschwindigkeit fahren. Sie werden Ihr Reiseziel deshalb etwa mit einer Stunde Verspätung erreichen. Wir bitten um ihr Verständnis.« Einige Fahrgäste regten sich mächtig auf und ließen ihren Frust am Schaffner aus. Andere fanden das Wort »Bugschürze« witzig und amüsierten sich. Wieder andere pressten wütend die Lippen zusammen. Einige nahmen es zum Anlass, um sich mit ihren Sitznachbarn über ihre vielfältige Erfahrung mit der Bundesbahn auszutauschen. Angenehm war die Verspätung für niemanden. Aber ich bin sicher, dass es denen, die die Panne komisch fanden, und denen, die dadurch Kontakt knüpften, wesentlich besser ging als denen, die ärgerlich waren.

Was immer Ihnen auch passiert, von Ihrer Reaktion hängt ab, wie es Ihnen geht. Sie wissen doch: Nicht wie die Dinge sind, ist entscheidend, sondern wie sie uns erscheinen.

Finden Sie Ihren Ansatzpunkt

Ich hoffe, dass ich Sie überzeugen konnte: Was immer Ihnen geschieht, hat in irgendeiner Form mit Ihnen zu tun. Wenn Sie sich also demnächst dabei ertappen, dass Sie sich über Umstände oder Personen beschweren, dann stoppen Sie bewusst Ihr Klagelied. Richten Sie Ihre Aufmerksamkeit auf sich selbst. Schicken Sie das, was Ihnen passiert oder womit Sie unzufrieden sind, durch den Filter dieser fünf Fragen:

- *Habe ich allein dieses Ereignis verursacht? Wenn ja, wie?*
  Etwa indem Sie nachlässig, sorglos, unbesonnen, ängstlich, bequem oder vergesslich gewesen sind.
- *Habe ich diese Situation in einer Wechselwirkung ermöglicht? Wenn ja, durch welches Verhalten?*
  Indem Sie sich zu sehr angepasst haben, um jeden Preis gefallen wollten, sich zu nachgiebig zeigten, nicht überlegt haben, unbe-

dingt Recht behalten wollten, falsche Bescheidenheit zeigten, in die Mutterrolle geschlüpft sind, überfürsorglich waren, resigniert haben, nicht die Wahrheit sagten.

- *Habe ich diese Situation oder diesen Menschen ungewollt angezogen? Wenn ja, wodurch?*
Indem Sie stark auftraten, sich schwach gaben, mit Kleidung bestimmte Signale sandten, sehr freundlich waren, schlechte Laune hatten.

- *Erreiche ich etwas nicht, weil ich ein Defizit habe oder etwas Wichtiges unterlasse? Wenn ja, was muss ich verstärken, lernen oder entwickeln?*
Besser zu organisieren, Zeit einzuteilen, mit Geld richtig umzugehen, Grenzen zu setzen, nein zu sagen, Kontakte zu knüpfen.

- *Mache ich mir durch meine Reaktion das Leben schwer? Wenn ja, durch welche?*
Indem Sie Rachegefühle entwickeln, ärgerlich sind, wütend werden, beleidigt sind, resignieren, zu schnell aufgeben, ungeduldig sind, zu hohe Erwartungen haben.

Als der griechische Philosoph und Naturwissenschaftler Archimedes das Gesetz der Hebelwirkung entdeckte, rief er begeistert aus: »Man gebe mir einen festen Punkt, und ich hebe die Welt aus den Angeln!« Indem Sie sich die fünf Fragen beantworten, finden Sie den Ansatzpunkt, mit dem sich Ihre Situation ändern lässt. Aus Ihrer Antwort können Sie nämlich ein Ziel entwickeln. Etwa dass Sie lernen, Grenzen zu setzen, dass Sie sorgfältiger werden, dass Sie deutlich sagen, was Sie wollen, dass Sie Ihren Kleidungsstil wechseln oder auch mal Schwächen zeigen.

Möglicherweise werden Sie feststellen, dass Sie noch zusätzliche Informationen benötigen, um Ihr Ziel zu erreichen. Vielleicht brauchen Sie einige psychologische Kenntnisse oder fachliches Know-how. Dazu sollten Sie alle verfügbaren Informationsquellen nutzen: Fragen Sie Menschen, die Sie gut kennen und denen Sie vertrauen, wie die Sie in dem speziellen Punkt sehen. Wenden Sie sich an Experten, um zu erfahren, was Sie lernen müssen. Besorgen Sie sich Fachbücher. Buchhändlerinnen und Buchhändler haben den Überblick und können Ihnen Ratgeber zu dem Thema empfehlen, das Sie beschäftigt. Mit der richtigen Lektüre werden Sie im stillen Kämmerchen viele Aha-Erlebnisse haben. Nicht zuletzt können Sie sich ganz gezielt für ein bestimmtes Problem zu einer psychologischen Beratung anmelden. Ein geschultes Gegenüber entdeckt meist schneller, wo es hakt, und löst den blinden Fleck auf. Tun Sie alles, damit Sie dorthin kommen, wo Sie hin möchten.

Das klingt nach Arbeit, nicht wahr? Ich gebe zu, dass es einiges an Selbsterkenntnis, Ehrlichkeit und Engagement kostet. Oft ist die Versuchung groß, sich diesen Aufwand zu schenken. Manchmal tut es auch einfach gut, auf etwas oder jemanden so richtig sauer zu sein, sich hängen zu lassen oder in Selbstmitleid zu baden. Geben Sie dem ruhig nach. Weinen Sie, motzen Sie, seien Sie wütend oder rabenschwarz deprimiert. Und dann richten Sie sich entschlossen auf und sagen: »Okay, das war's. Jetzt nehme ich die Dinge wieder selbst in die Hand.«

Kreieren Sie Ihre Welt

Bis hierher haben wir uns damit befasst, wie sich Situationen korrigieren lassen, mit denen Sie unzufrieden sind. Doch es geht nicht nur darum, dass Sie wie ein Automechaniker das wieder zum Laufen bringen, was in Ihrem Leben stagniert oder nicht funktioniert. Verantwortung zu übernehmen bedeutet noch viel mehr: Nutzen Sie Ihre Kreativität.

Bei dem Wort »kreativ« denken Sie wahrscheinlich spontan an Texter in einer Werbeagentur, an Pablo Picasso oder an Ihre Nachbarin, die im Volkshochschulkurs Seidenschals bemalt. Mit Kreativität dieser Art haben Sie nicht viel am Hut? Müssen Sie auch nicht, denn hier ist die ursprüngliche Bedeutung des Wortes gemeint. »Kreativität« leitet sich von dem lateinischen Wort »creare« ab, das »erschaffen, schöpfen« heißt. Es geht um die schöpferische Kraft, die in jedem Menschen steckt. Auch in Ihnen. Wenn Sie diese Kraft mit Ihrer Selbstverantwortung verbinden, eröffnen sich Ihnen ungeahnte Möglichkeiten.

Zum Einstieg lade ich Sie zu einer geistigen Schlemmerei ein: Malen Sie sich in den schönsten Farben aus, wie Ihr Leben idealerweise aussehen soll. Weil trotz schöpferischer Freiheit ein bisschen Ordnung sein muss, unterteilen Sie Ihre Träumerei in die Bereiche »Arbeit«, »Partnerschaft«, »Wohnen«, »Freizeit«, »Freunde«, »Finanzen«, »Familie« und »Persönliche Entwicklung«.

Setzen oder legen Sie sich bequem hin, und sorgen Sie dafür, dass niemand Sie stört. Schließen Sie die Augen. Und nun gehen Sie Bereich für Bereich durch. Stellen Sie sich Ihre Wünsche bildlich vor, lassen Sie Ihren inneren Film ablaufen. Sehen Sie sich, wie Sie in Ihrer Zehn-Zimmer-Villa herumspazieren oder bei Ihrer Bank einen dicken Scheck einlösen, wie Sie von liebenswerten Menschen umgeben sind und einer interessanten Arbeit nachgehen.

Haben Sie bitte keine Hemmungen, sich üppig auszumalen, was Sie sich wünschen. Wenn Sie sich darauf einlassen, wird sogar manches vor Ihren inneren Augen auftauchen, das Sie gar nicht bewusst bestellt haben. Mir war es zuerst richtig peinlich, dass im Bereich »Wohnen« gleich ein ganzes Schloss mit großer Auffahrt und vergoldeten Spiegeln auftauchte. Ich hatte eher an eine nette kleine Stadtvilla gedacht. Aber man soll seine Kreativität ja nicht unterbinden. Also, vergessen Sie die Schere im Kopf und schwelgen Sie. Auf diese Weise werden Sie eine Menge über Ihre Wünsche erfahren.

Nun machen Sie die Augen wieder auf und nehmen Papier und Stift. Jetzt geht es darum, Ihre Visionen schriftlich festzuhalten. Doch bevor Sie das tun, möchte ich Sie auf eine notwendige Einschränkung aufmerksam machen: Kein Punkt Ihrer Auflistung darf von anderen Menschen abhängen. Eine Formulierung wie: »Eine glückliche Partnerschaft bedeutet für mich … dass mein Mann mir täglich zehn rote Rosen mitbringt«, ist also unzulässig. Sie selbst müssen die Initiative übernehmen. Das kann dann so klingen: »Eine glückliche Partnerschaft bedeutet für mich, dass ich eine romantische Atmosphäre schaffe.«

Außerdem sollten Sie Ihre Vorstellungen so detailliert und präzise wie möglich notieren. Schreiben Sie nicht einfach: »Schönes Wohnen bedeutet für mich, ein eigenes Haus zu haben«, sondern: »… ein zweistöckiges Einfamilienhaus mit sechs großen, hellen Zimmern, Garten und Südterrasse in einer ruhigen Straße.«

Ergänzen Sie in diesem Sinne bitte die folgenden Bereiche:

- Eine befriedigende Arbeit bedeutet für mich ...
- Schönes Wohnen bedeutet für mich ...
- Eine glückliche Partnerschaft bedeutet für mich ...
- Eine befriedigende Freundschaft bedeutet für mich ...
- Ein glückliches Familienleben bedeutet für mich ...
- Gute finanzielle Verhältnisse bedeuten für mich ...
- Angenehme Freizeit bedeutet für mich ...
- Entwicklung meiner Persönlichkeit bedeutet für mich ...

Wenn Sie sämtliche Bereiche formuliert haben, liegt eine lange Liste vor Ihnen. Checken Sie noch einmal: Sind die einzelnen Punkte genau beschrieben? Sind sie unabhängig von anderen Menschen? Gut. Dann können Sie, wenn Sie möchten, noch weitergehen und aus dieser Liste ein Wunschbuch erstellen. Besorgen Sie sich dazu ein DIN-A4-Heft. Kleben Sie auf je eine Doppelseite Ihre Wunschliste für einen Bereich. Schneiden Sie aus Zeitschriften und Werbeanzeigen Fotos aus, die optisch wiedergeben, was Sie sich vorstellen. Illustrieren Sie damit Ihre schriftlichen Wunschlisten. Das fertige Wunschbuch sollten Sie sich unbedingt täglich anschauen.

Möglicherweise kommt es Ihnen absurd vor, eine Art Bilderbuch für Erwachsene herzustellen und sich das auch noch regelmäßig anzusehen. Sie fragen sich, was Ihnen das wohl bringen soll – außer Unzufriedenheit, weil Sie noch nicht erreicht haben, was Sie da bunt auf weiß sehen. Ich kann Ihnen versichern, dass dieses Vorgehen keineswegs albern ist, sondern sehr sinnvoll ist. Text und Bild haben die Wirkung eines inneren Kompasses. Sie richten Ihren Geist damit gleich doppelt auf Ihre Ziele aus: Mit Ihrer geschriebenen Liste polen Sie Ihr bewusstes Denken, mit den Bildern Ihr Unterbewusstsein. Wenn Sie sich etwa drei Wochen lang mindestens einmal täglich Ihr Wunschbuch anschauen, werden Sie feststellen, dass es anfängt, Sie zu prägen.

Wünschen Sie nicht – wählen Sie

Vielleicht sagen Sie skeptisch: »Mag ja sein, dass mich das geistig in die passende Richtung lenkt, aber damit sind meine Wünsche noch lange nicht erfüllt. Was habe ich davon, täglich in meinem Buch zu blättern und immer wieder darauf zu stoßen, dass ich gerne einen großen Freundeskreis oder ein üppiges Bankkonto hätte? Damit reihe ich mich doch nur in die Schar der Lottospieler ein, die von sechs Richtigen träumen und weiterhin genauso bescheiden leben, wie sie es immer getan haben.«

Haben Sie ein bisschen Geduld, wir sind noch nicht fertig. Ihre Wunschliste stellt erst die Vorarbeit dar. Sie dient dazu, Ihre Ziele zu klären und sie in Ihrem Denken zu verankern. Sobald Sie das erreicht haben, können Sie in die aktive Phase eintreten und Verantwortung für die Erfüllung dieser Wünsche übernehmen.

Vielleicht ist es Ihnen noch nicht aufgefallen, aber Sie stehen täglich vor vielen kleinen und großen Entscheidungen. Stunde für Stunde sind neue fällig: Trinke ich jetzt einen Kaffee oder lieber ein Wasser? Soll ich mir diese Schuhe kaufen oder sparen? Bin ich zu diesem Kunden freundlich oder kühl? Mache ich meine Arbeit sorgfältig oder lässig? Räume ich auf oder lasse ich den Kram liegen? Akzeptiere ich, was ich lese, oder lehne ich es ab?

Jede Entscheidung, die Sie gegenwärtig treffen, sei sie groß oder klein, stellt ein Baustein für Ihre Zukunft dar. Zwar ist nicht jede gleich wichtig, doch selbst bei minimalen Entscheidungen ergibt schließlich die Summe einen Effekt. Wenn Sie sich tausend Mal dafür entscheiden, schlechte Laune zu haben, sind Sie am Ende ein Muffel. Wenn Sie zigmal andere anlächeln, führt das sichtbar zu freundlicher Ausstrahlung.

Und nun passen Sie bitte ganz genau auf, jetzt wird es ernst mit der schöpferischen Verantwortung:

Sie können auf Dauer die Erfüllung Ihrer Wünsche erreichen, wenn Sie sich immer wieder entsprechend Ihrem Wunschziel entscheiden.

Angenommen, Ihnen ist ein schönes Zuhause sehr wichtig. Natürlich kommt niemand auf Sie zu und sagt: »Möchten Sie vielleicht kostenlos meine Villa übernehmen?« Die Entscheidung würde Ihnen bestimmt leicht fallen. Viel wahrscheinlicher ist, dass Sie immer wieder die Gelegenheit erhalten, eine Wahl in Richtung »Eigenheim« zu treffen.

Beispiel: In einer Buchhandlung entdecken Sie zufällig das Taschenbuch »Tausend Tipps für den Erwerb von Immobilien«. Sie blättern durch, es scheint gut zu sein. Bingo! Jetzt können Sie zeigen, ob Sie Verantwortung für Ihren Wunsch übernehmen. Hier ist Ihre Wahl: Sie können sagen: »Was soll ich mit dem Buch, ich habe ja doch kein Geld, um ein Haus zu kaufen.« Mit dieser Einstellung wird Ihr Wunsch immer einer bleiben. Sie sind nicht einmal bereit, den ersten Schritt zu tun. Sie können aber auch den Ratgeber kaufen und sich schon einmal in die Materie einarbeiten. Damit tun Sie einen konkreten Schritt hin zur Erfüllung Ihres Wunsches, auch wenn die Anschaffung noch in den Sternen steht.

Treffen Sie ab jetzt bewusst und beständig die Wahl, die Sie dem näher bringt, was Sie in Ihrem Wunschbuch notiert haben. Nehmen Sie Ihre Ziele als Grundlage für jede Entscheidung, sei sie groß oder klein. Dabei kann Ihre Wahl auf verschiedenen Ebenen stattfinden:

- Wählen Sie Ihre Gedanken: Wie muss ich denken, um dahin zu kommen, wo ich hin will?
- Wählen Sie Ihre Einstellung: Welche Haltung sollte ich einnehmen, um meinem Ziel nahe zu kommen?
- Wählen Sie Ihr Verhalten: Wie muss ich mich benehmen, um zu bekommen, was ich will?
- Wählen Sie Ihre Aktivitäten: Was muss ich tun, um auf meinem Weg weiterzukommen?
- Wählen Sie Ihre Worte: Wie muss ich mich ausdrücken, um meinen Wünschen am nächsten zu kommen?

Sie können diese Ebenen auch zusammenfassen, indem Sie sich fragen: Wie würde sich jetzt an meiner Stelle ein Mensch verhalten, der das hat, was ich haben möchte? Wie würde sich jetzt etwa jemand verhalten, der reich ist, dem eine gute Partnerschaft wichtig ist, der seine Arbeit interessant findet, der genug Zeit hat, der lebendig ist? Sie haben garantiert Bilder im Kopf, die Sie mit dieser Frage sofort aktivieren.

Indem Sie passend wählen, bewegen Sie sich systematisch mit den Ihnen gegebenen Möglichkeiten auf die Erfüllung Ihres Wunsches zu. Ein Zuckerschlecken ist das nicht, da will ich Ihnen nichts vormachen. Es erfordert Disziplin und Energie. Und vor allem ein waches Bewusstsein. Schließlich fragen Sie sich im Dauereinsatz: Was ist jetzt die passende Entscheidung, die mich meiner Sehnsucht näher bringt? Doch ich kann Sie trösten: Richtig schwer ist das nur am Anfang. Später wird es immer leichter, weil Sie Ihre Wahl dann automatisch treffen. Das können Sie bei Menschen sehen, die schon erreicht haben, was Sie wollen. Die denken gar nicht mehr groß darüber nach.

Zusammengefasst besteht das Geheimnis darin zu lassen, was Sie nicht zu Ihrem Ziel bringt, und zu tun, was dafür nötig ist.

Alles ist machbar?!

Wenn Sie Verantwortung für Ihre Wünsche übernehmen, vergrößert sich Ihre Chance beträchtlich, dass Sie bekommen, was Sie wollen. Das ist nur logisch. Anstatt passiv zu hoffen und zu warten, bemühen Sie sich selbst darum. Gewiss ist das der beste Weg, Ihre Ziele zu erreichen.

Aber: Eine Garantie gibt es nicht. Das verschweigen Motivationstrainer, die vehement auf Eigeninitiative setzen, gerne. Ihnen liegt so viel daran, die Macht des Denkens und des Willens zu vermitteln, dass sie andere Möglichkeiten ausblenden. So anerkennenswert ihre Verdienste auch sind, die innere Kraft allgemein publik zu machen, mir wird immer etwas mulmig, wenn ich sehe, wie auf Veranstaltungen Hunderte von Menschen völlig überzeugt im Chor rufen: »Ich schaffe es!« Das ist zu einseitig. Tatsache ist, dass das Leben ein unsicherer Ort ist und dass wir beim besten Willen nicht alles selbst bestimmen.

Vielleicht haben Sie bereits ein Unglück erlebt. Dann wissen Sie, dass es Einbrüche im Leben gibt, die die schönsten Pläne zunichte machen können: Da freut sich eine Familie – Vater, Mutter und die dreizehnjährige Tochter – auf einen Nachkömmling. Ein kleines Mädchen wird geboren. Alle sind so glücklich, dass der Arzt es ihnen zunächst gar nicht zu sagen wagt, aber dann erfahren sie es doch: Die Kleine ist mongoloid und hat einen Herzfehler, ist geistig und körperlich behindert. Schließlich stirbt sie mit sechs Jahren an Herzversagen. Diese Geschichte ist für mich kein beliebiges Beispiel. Es ist die meiner kleinen Schwester Silke.

Ob Krankheiten, Unfälle, Tod, Verlust des Arbeitsplatzes, Trennung, Scheidung – Sie müssen auch mit der Nachtseite des Daseins leben und damit rechnen, dass sie Ihre Aktivitäten mit einem Schlag überflüssig machen kann.

Doch bevor Sie jetzt deprimiert sagen: »Stimmt, hat ja doch alles keinen Zweck«, möchte ich Sie damit trösten, dass das genauso im positiven Sinne gilt. Sie können überraschende Wendungen in Ihrem Leben erfahren, von denen Sie nicht einmal geträumt haben.

Die englische Lehrerin Joanne Rowling lebte nach ihrer Scheidung als allein erziehende Mutter äußerst bescheiden. Ihr erstes Buch schrieb sie in einem Café, um Heizkosten zu sparen. Und dann erlebte sie, was man im Psychologenjargon als »positive Katastrophe« bezeichnet. Mit Harry Potter, dem Held ihrer Kinderbücher, erzielte sie bei Kindern und Erwachsenen einen so beispiellosen Erfolg, dass sie sämtliche anderen Titel vom ersten Platz der Bestsellerlisten verdrängte. Sie selbst sagt dazu: »Was passiert ist, ist ein Schock für mich. Ich dachte mir, dass die Bücher vielleicht drei Menschen gefallen werden, neben mir meiner Schwester und vielleicht meiner Tochter.« Heute ist Joanne Rowling eine der reichsten Frauen Englands.

Es gibt viele solcher Erfahrungen. Gewiss sind sie nicht alle so spektakulär wie die von Joanne Rowling. Aber stellen Sie doch einfach mal in Ihrem Freundeskreis die Frage: »Sag mal, gab es in deinem Leben irgendwann eine besonders glückliche Wende, die du nicht erwartet hast?« Sie werden die unglaublichsten Geschichten hören. Meist fehlt uns die Phantasie, um uns die verschlungenen Wege auszudenken, die plötzlich zu einem besonderen Ergebnis führen. Auch damit dürfen Sie rechnen.

Es kann immer unerwartete Ereignisse in Ihrem Leben geben, die Ihre Anstrengungen außer Kraft setzen. Das heißt jedoch nicht, dass sich Ihre Selbstverantwortung nicht lohnt. Weder müssen Sie auf ein Wunder warten, noch verwehrt Ihnen das Schicksal, was Sie sich wünschen. Es bedeutet vielmehr, dass Sie bei Ihren Bemühungen bescheiden bleiben. Selbstherrlichkeit führt nur dazu, dass Sie tief fallen, wenn die Dinge plötzlich nicht so laufen, wie Sie es angestrebt haben.

Das ist übrigens eine alte Weisheit, die sich über die Jahrhunderte tradiert hat. Schon in der Bibel finden Sie dafür ein Beispiel, die Geschichte vom Turmbau zu Babel: Eine Gruppe von Menschen beschloss, einen Turm zu bauen, der bis in den Himmel ragt. Er sollte ein Zeichen dafür sein, dass ihnen nichts unmöglich wäre. Gott schaute sich ihre Aktivitäten von oben an und fand, dass ihr Größenwahn denn doch etwas zu weit ging. Er gab ihnen unterschiedliche Sprachen, so dass sie sich nicht länger miteinander verständigen konnten und den Bau abbrechen mussten. Aus der Traum.

Der Blick auf die negativen und positiven Unwägbarkeiten des Lebens soll Sie nicht davon abhalten, Verantwortung für Ihre Ziele zu tragen. Er soll Ihnen nur helfen, Ihre Ziele nicht verkrampft anzustreben. Bedenken Sie immer: Sie haben vieles in der Hand, aber nicht alles.

Glauben Sie außerdem nicht, Verantwortung sei nur etwas für gute Tage, für Zeiten, in denen Sie die Möglichkeit haben, sich frei zu entscheiden und in denen Sie die Kraft besitzen, etwas zu verändern. Gewiss ist es leichter, wenn Sie genügend Spielraum haben. Doch eine Bedingung ist es nicht. Verantwortung ist in jedem Fall möglich, sogar im äußersten. Mehr noch: Gerade dann zeigt sich ihr besonderer Wert. In extremen Situationen ist Selbstverantwortung die einzige Möglichkeit, Würde und menschliche Qualität zu bewahren. Wenn so gut wie keine äußere Freiheit mehr bleibt, kann sich durch Verantwortung das Tor zur inneren Freiheit öffnen. Das allerdings verlangt Bewusstheit und unglaublichen Mut. Es erfordert die ganze Persönlichkeit.

Sicher geht es Ihnen ähnlich wie mir: Wann immer ich davon erfahre, dass ein Mensch unter härtesten Bedingungen Verantwortung übernommen hat, bin ich tief berührt. Unwillkürlich frage ich mich, was ich wohl in der gleichen Situation getan hätte, und ich zweifle jedes Mal daran, dass ich ähnlich stark gewesen wäre. Dabei weiß ich auch, dass man nicht unbedingt ein besonders tapferer oder großherziger Mensch sein muss. Manchmal wird einem das mutige Verhalten auch unerwartet geschenkt. Das beschreibt der französische Schriftsteller George Bernanos in seiner Novelle »Das Lied der Bernadette«: Zur Zeit der Französischen Revolution werden die Nonnen eines Klosters zur Hinrichtung geführt. Eine junge Novizin hat furchtbare Angst vor dem Tod. Ausgerechnet sie ist die Letzte, die zur Guillotine hinaufgehen muss. Und sie, die immer schwach und ängstlich war, geht diesen letzten Weg singend.

Nur eine Geschichte. Doch es gibt auch zahlreiche wahre Fälle. Wir brauchen nicht lange danach zu suchen. Das Dritte Reich hat viele unschuldige Menschen in äußerste Situationen gebracht. Unter ihnen war auch der Wiener Arzt Viktor Frankl, den die Nazis ins Konzentrationslager schickten. Seine Erinnerungen hat er unter dem Titel »Trotzdem Ja zum Leben sagen. Ein Psychologe erlebt das Konzentrationslager« veröffentlicht. So sachlich wie möglich beschreibt er den Schrecken, der gerade dadurch noch furchtbarer erscheint. Es lässt sich wohl kaum eine Situation vorstellen, die den Betroffenen weniger Freiheit lässt, sich zu entscheiden. Und dennoch schreibt Frankl: »Wer von denen, die das Konzentrationslager erlebt haben, wüsste nicht von jenen Menschengestalten zu erzählen, die da über die Appellplätze oder durch die Baracken des Lagers gewandelt sind, hier ein gutes Wort, dort den letzten Bissen Brot spendend? Und mögen es auch nur wenige gewesen sein – sie haben die Beweiskraft dafür, dass man dem Menschen im Konzentrationslager alles nehmen kann, nur nicht: Die letzte menschliche Freiheit, sich zu den gegebenen

Verhältnissen so oder so einzustellen. Und es gab ein ›so oder so‹! Und jeder Tag und jede Stunde im Lager gab tausendfältig Gelegenheit, diese innere Entscheidung zu vollziehen, die eine Entscheidung des Menschen für oder gegen den Verfall an jene Mächte der Umwelt darstellt, die dem Menschen sein Eigentliches zu rauben drohen – seine innere Freiheit – und ihn dazu verführen, unter Verzicht auf Freiheit und Würde zum bloßen Spielball und Objekt der äußeren Bedingungen zu werden.«[15]

Viktor Frankl, der vor einigen Jahren im hohen Alter starb, begründete auf der Basis seiner Erfahrung die Logotherapie, eine Therapieform, die den Patienten heilt, indem er einen Sinn im Leben findet. Für mich ist Frankl ein Zeuge dafür, dass Verantwortung tatsächlich immer möglich ist: »Die geistige Freiheit des Menschen, die man ihm bis zum letzten Atemzug nicht nehmen kann, lässt ihn auch noch bis zum letzten Atemzug Gelegenheit finden, sein Leben sinnvoll zu gestalten.«[16]

Es müssen nicht immer äußere Bedingungen wie Krieg, Hungersnöte, Verbrechen gegen die Menschlichkeit oder Naturkatastrophen sein, die uns Verantwortung abfordern. Oft genug gibt es das ganz persönliche Drama. Denken Sie nur an Unfälle oder schwere Krankheiten. Auch hier ist eine Wahl möglich.

Auf der Bestsellerliste der New York Times stand lange ein Buch mit dem Titel »Dienstags bei Morrie«. Geschrieben hat es der Sportjournalist Mitch Albom. Er dokumentiert darin die letzten Wochen im Leben von Professor Morrie Schwartz, der plötzlich an amyotrophischer Lateralsklerose (ALS) erkrankte. Bei diesem tückischen Nervenleiden setzt sich schubweise eine Lähmung von den Füßen zum Oberkörper hin fort. Hat sie die Lunge erreicht, stirbt der Patient. Dagegen gibt es noch kein Heilmittel. Als Mitch Albom erfährt, dass Morrie Schwartz schwer erkrankt ist und bald sterben wird, beginnt er, seinen ehemaligen Lehrer regelmäßig jeden Dienstag zu besuchen. Mitch, der meint, dem Sterbenden Kraft und Trost spenden zu müssen, lernt stattdessen von Morrie das Leben neu zu betrachten und zu verstehen. Denn Morrie hat sich entschlossen, die Verantwortung für die Qualität seines Lebens bis zuletzt nicht aus der Hand zu geben. Albom schreibt: »Mein alter Professor hatte eine tief greifende Entscheidung getroffen, eine, die er von dem Tag an, an dem er mit einem Schwert über dem Kopf aus dem Sprechzimmer des Arztes kam, umzusetzen begann. *Werde ich jetzt nach und nach verwelken und verschwinden oder werde ich das Beste aus der Zeit machen, die mir verbleibt,* hatte er sich gefragt. Er würde nicht verwelken. Er würde sich nicht schämen zu sterben. Stattdessen war er entschlossen, den Tod zu seinem letzten Projekt zu machen, zum zentralen Aspekt der Zeit, die ihm verblieb. Da jeder einmal sterben würde, könnte er anderen von großem Nutzen sein, nicht wahr? Er könnte sich zu Forschungszwecken zur Verfügung stellen. Ein menschliches Lehrbuch. *Studier mich, wie ich langsam und geduldig sterbe. Beobachte, was mit mir geschieht. Lern mit mir.*«[17]

Wenn Sie sich darauf eingelassen haben, mit mir diese Beispiele extremer Situationen zu betrachten, dann merken Sie sicher, dass das nicht gerade heiter stimmt. Es geht an die Substanz. Ich hoffe aber auch, dass Sie gleichzeitig spüren, wie viel Kraft und Hoffnung durch solche positiven Beispiele entstehen. Sie brauchen keine Sorge zu haben, dass Sie jemals Ihre Verantwortung abgeben müssen. Sie bleibt Ihnen in jedem Fall erhalten, wenn Sie es wollen.

Und noch eine Wirkung können gerade diese letzten Über-legungen haben: Vor dem Hintergrund extremer Situationen er-scheint es uns, die wir in normalen Verhältnissen leben, wesent-lich leichter, die notwendige Verantwortung für das eigene Leben zu übernehmen. Dazu möchte ich Sie ermutigen: Nutzen Sie Ihre schöpferische Kraft, um das Leben zu führen, das Sie sich wün-schen, und der Mensch zu werden, der Sie sein möchten.

Siebte Spielregel:
Folgen Sie Ihrer Seele

Einer der berühmtesten Ärzte des 19. Jahrhunderts, Rudolf Virchow, soll gesagt haben: »Ich habe jeden Körperteil seziert, aber auf eine Seele bin ich dabei nicht gestoßen.«

Ich gebe zu, dass es etwas heikel ist, modernen Menschen zu raten, ihrer Seele zu folgen. Einfacher wäre es zu sagen: »Folgen Sie Ihrer Intuition.« Oder »Folgen Sie Ihrem Herzen«, angelehnt an den romantischen Buchtitel »Geh, wohin dein Herz dich führt«. Schließlich ist »Seele« ein komplizierter Begriff, der zudem in den verschiedenen Kulturen, Religionen und philosophischen Systemen mit unterschiedlichen Vorstellungen verbunden ist:

Frühe Kulturen und Naturreligionen betrachteten die Seele als allgemeine Lebenskraft, die die Welt bewegt. Oft wird sie als Windhauch oder Atem beschrieben, so z. B. das indische »Atman«. Im Hinduismus und Buddhismus ist die Seele das Selbst, das dem ewigen Kreislauf der Wiedergeburten unterworfen ist. Im Judentum, Christentum und Islam versteht man darunter die Wesenheit, die Gott dem Menschen eingehaucht hat. Sie bestimmt seine unverwechselbare Individualität, die auch durch den Tod nicht aufgehoben wird.

In der idealistischen Richtung der Philosophie wird die Seele als unstoffliche Substanz gesehen, aus materialistischer Sicht dagegen ist sie eine Eigenschaft des Körpers. Die Psychologie, die bis zum 19. Jahrhundert noch als Teilbereich der Philosophie galt, schloss sich den philosophischen Sichtweisen an.

Heute ist der Begriff »Seele« in der überwiegend naturwissenschaftlich orientierten Psychologie stark zurückgetreten. An seiner Stelle werden Termini wie »Person«, »Geist« oder »Bewusstsein« verwandt. Man geht davon aus, dass seelische Vorgänge zwar mehr sind als bloße materielle Erscheinungen, sich aber von diesen nicht trennen lassen.

Sicher sehen Sie schon an diesem Überblick, wie schwierig es ist, »Seele« eindeutig zu definieren. Trotzdem möchte ich diesen Begriff verwenden, weil er mir im Vergleich zu den möglichen Alternativen am geeignetsten erscheint. Kein anderer reicht weit genug. So benennt etwa Intuition nur die Fähigkeit, Informationen auszuwerten, das Herz steht lediglich für Gefühle. Mit »Seele« dagegen verbinden wir etwas Ganzheitliches. Sie trifft am ehesten das, was diese Spielregel ausdrückt: »Tun Sie, was Ihrem Wesen am meisten entspricht.« Ich vertraue darauf, dass der Begriff »Seele« Ihnen in diesem Sinne etwas sagt. Falls Sie jedoch nicht auf eine Definition verzichten möchten, kommt die Beschreibung der Religionen ihr am nächsten: Ihre Seele ist die Kraft, die Ihre unverwechselbare Individualität bestimmt.

Sie sind etwas Besonderes

Um Ihrer Seele bewusst zu folgen, müssen Sie eine positive Einstellung zu sich selbst haben. Solange Sie sich als Produkt des Zufalls, als kleines Rädchen im Getriebe, als durchschnittlich oder uninteressant betrachten, wird es Ihnen schwer fallen, Ihr Leben nach dieser Spielregel zu gestalten. Schauen Sie doch mal, wie Sie auf die folgende Aussage reagieren:

Sie sind einmalig und wunderbar. Dass Sie geboren wurden, ist ein Geschenk für diese Welt. Jemand wie Sie hatte bisher gefehlt. Zum Glück sind Sie da.

Haben Sie jetzt erfreut zugestimmt? Dann besitzen Sie bereits ein gutes Gefühl für Ihren Wert. Falls Sie jedoch etwas peinlich berührt oder traurig gedacht haben: »Das ist aber reichlich übertrieben«, so ist Ihnen noch nicht ganz bewusst, wie besonders Sie sind. Mit obiger Aussage über Sie habe ich nämlich keineswegs psychologisches Süßholz geraspelt. Es ist eine Tatsache, dass es Ihre Kombination von Veranlagung und Erfahrung kein zweites Mal auf dieser Erde gibt und dass Sie damit eine echte Bereicherung sind. Es mag sein, dass Sie im Laufe der Zeit vergessen oder verlernt haben, wer Sie wirklich sind. Doch es gibt eine Instanz in Ihnen, die das Wissen darum bewahrt: Ihre Seele.

Vielleicht klingt das jetzt für Sie etwas mystisch, es ist aber durchaus erklärbar. Dass wir verschiedene Persönlichkeitsanteile haben, ist inzwischen schon psychologisches Allgemeingut. Sigmund Freud nahm in seiner Psychoanalyse das Es, Ich und Überich an. Eric Berne geht in der von ihm entwickelten Transaktionsanalyse von einem Eltern-Ich, Erwachsenen-Ich und Kind-Ich aus. Neuere Methoden wie das Neurolinguistische Programmieren (NLP) arbeiten mit zahlreichen Persönlichkeitsanteilen, die sich für unsere Ziele entweder als Helfer oder Saboteure erweisen. Da gibt es z. B. einen Teil, der Spaß haben will, einen der Sicherheit braucht oder einen, der sich Freiheit wünscht.

Abgesehen von solchen psychologischen Modellen wissen wir selbst, dass wir nicht aus einem Guss sind, sondern verschiedene Seiten besitzen: Wir sind großzügig, liebevoll, mitfühlend, spontan, ebenso wie geizig, neidisch, schwerfällig, egoistisch. Es ist, als ob wir viele Personen in uns vereinen.

Wenn Sie das bedenken, fällt es Ihnen gewiss nicht schwer, Ihre Seele als einen Teil zu betrachten, der eine besondere Funktion hat. Stellen Sie sich Ihr Innenleben bildlich als eine Firma vor, in der Ihre verschiedenen Persönlichkeitsanteile als Mitarbeiter und Mitarbeiterinnen aktiv sind. Ihre Seele ist der Boss. Sie hat den Überblick und sorgt dafür, dass Sie Ihre Besonderheit entfalten.

Wie die Seele führt

Unsere Seele leitet uns dazu an, unsere Eigenheiten in verschiedenen Bereichen zu verwirklichen. Zum Beispiel im Kontakt mit anderen. Spontan fühlen wir uns zu Menschen hingezogen, die ähnlich empfinden wie wir und die uns verstehen. Nicht umsonst spricht man von »Seelenverwandtschaft«. Auch Orte können unsere besonderen Eigenheiten fördern. In manchen Regionen blühen wir regelrecht auf. Überlegen Sie selbst einmal, wo Sie sich besonders wohl fühlen und warum es Sie in bestimmte Urlaubsorte zieht. Ebenso ist es möglich, sich durch Gegenstände, etwa Möbel oder Kleidung, auszudrücken. Wenn Sie sagen: »Das muss ich unbedingt haben!«, steckt oft mehr als bloßer Konsum dahinter. Vermutlich handelt es sich um etwas, das besonders gut zu Ihnen passt. Nicht zuletzt können wir uns in einer Tätigkeit verwirklichen, etwa in einem Beruf, den wir lieben. Oder in einem Hobby oder Ehrenamt. Wir sagen dann gerne: »Das liegt mir.«

Ich möchte mich jedoch auf die Bedeutung dieser Spielregel für Ihre Tätigkeit beschränken. Was sich daran zeigt, können Sie schließlich auch auf die anderen Gebiete – Menschen, Orte, Dinge, Neigungen – übertragen. Vor allem aber lässt sich an diesem Bereich besonders deutlich demonstrieren, wie die Seele führt.

Denken Sie einmal an Menschen wie Albert Einstein oder Coco Chanel. Es ist vor allem ihr Schaffen, durch das sie ihre Einzigartigkeit ausgedrückt haben. Und auch Sie können ein Lebenswerk vollbringen. Dazu müssen Sie Ihre Fähigkeiten mit einer konkreten Aufgabe verbinden. Manchmal erhalten Sie von Ihrer Umgebung dazu eine Anregung. Meist aber müssen Sie aktiv nach der passenden Tätigkeit suchen oder sie aus dem zufälligen Angebot herausfiltern, das Ihnen das Leben macht. Haben Sie herausgefunden, was Ihnen liegt, dürfen Sie sich trotzdem nur begrenzt auf Ihren Lorbeeren ausruhen. Auch eine geeignete Aufgabe hat selten lebenslang die gleiche Form. Sie ändert sich entsprechend Ihrer Entwicklung, Ihrem Alter und den äußeren Bedingungen.

Ihre Seele unterstützt Sie immer wieder bei der Suche nach den besten Bedingungen für Ihre besonderen Eigenschaften. Dabei hat sie ihre eigene Art, das zu vermitteln: Für manche Menschen ist es, als ob ihnen eine innere Stimme Anweisungen gibt und ihnen rät, was sie tun sollen. Ein berühmtes Beispiel dafür ist der griechische Philosoph Sokrates. Seine innere Stimme war so deutlich, dass er sie als eigenständiges Wesen betrachtete, das ihn leitete. Er sprach von ihr als seinem »Daimon«. Ihr moderner Daimon sagt Ihnen vielleicht: »Versuch das einfach mal!« oder »Das ist doch genau das, was du willst«.

Doch auch wenn Sie nicht wörtlich hören, was für Sie gut ist, erhalten Sie eindeutige Hinweise, wann sich Ihre Tätigkeit im Einklang mit Ihrer Individualität befindet: Tiefe Freude und Anziehung sind die Mittel, mit der Ihre Seele Sie zu Ihrer Aufgabe führt. Sobald Sie diese Gefühle haben, sind Sie garantiert an der richtigen Stelle.

Vielleicht wenden Sie jetzt ein, dass man sich auch im »falschen« Beruf intensiv engagieren und dort Erfolg haben kann. Das will ich nicht bestreiten. Doch falls Sie im Einklang mit Ihrer Seele arbeiten, erreichen Sie wesentlich mehr: Wann immer Sie Ihrer Seele folgen, sind Sie glücklich. Das heißt nicht unbedingt, dass sich Ihr Leben leicht gestaltet. Auch wenn Sie die richtige Aufgabe gefunden haben, müssen Sie noch einiges lernen, diszipliniert arbeiten und Probleme bewältigen. Doch hat das eine andere Qualität als bei einer Aufgabe, die nicht zu Ihnen passt. Sie empfinden die Anstrengung nicht als quälende Mühe, sondern als Bereicherung. Sie spüren eine innere Gewissheit, einen kreativen Elan, eine tiefe Freude. Der Psychologe Csikszentmihalyi fand für diesen Zustand den Begriff »flow«, fließen. Was Sie tun, trägt schon die Belohnung in sich, nicht nur die Ergebnisse. Ihr Glück ist tief und unterscheidet sich deutlich von vorübergehenden

Hochgefühlen oder neurotischen Leidenschaften, die bei Aufgaben entstehen können, die Ihnen nicht wirklich entsprechen.

Vor kurzem las ich in einer Zeitschrift den Bericht einer jungen Frau, die das bestätigt: »Mein Leben änderte sich in einer Mittagspause. Ich bummelte durch die Stadt, ging in einen Schuhladen, nahm einen Schuh in die Hand, und auf einmal war da dieser Gedanke: Warum mache ich nicht das, was ich wirklich liebe? Warum werde ich nicht Schuhmacherin? Das ist jetzt drei Jahre her. Bis dahin arbeitete ich hart an meiner Karriere. Ich war damals Kontakterin in einer Werbeagentur, verdiente gut und ging jeden Morgen im Kostüm ins Büro. Ich trug viel Verantwortung, war erfolgreich und hatte gute Aufstiegschancen. Aber ich merkte immer mehr, dass diese oberflächliche Werbebranche mir gar nicht entsprach. Ich ging abends nicht mehr zufrieden nach Hause, und der Stress und die Hektik in diesem Job belasteten mich von Tag zu Tag mehr. Irgendwann erfuhr ich, dass es einen Schuhmacher in der Nähe von Hamburg gibt, der Maßschuhe anfertigt. Und ich wusste: das ist es, da oder nirgends. Ich machte ein Praktikum dort, und als mein jetziger Chef mich als Lehrling anstellte, habe ich in der Agentur gekündigt. Alle waren völlig verblüfft, aber ich habe meine Entscheidung nie bereut. Ich genieße die Ruhe und Konzentration bei der Arbeit, und es ist großartig, festzustellen, wie man mit der Zeit besser und schneller wird. Und wenn ich abends auf meine Werkbank gucke und sehe, was ich gemacht habe, dann bin ich tief zufrieden.«[18]

Wenn Sie Ihrer Seele folgen, spüren Sie einen Sinn im Leben. Er hängt meist mit anderen zusammen. Auch wenn der herrschende Egoismus dem scheinbar widerspricht, macht es uns glücklich, ein nützliches Mitglied der Gesellschaft zu sein. Untersuchungen haben ergeben, dass Menschen, die anderen helfen, regelrecht in einen ekstatischen Zustand geraten, das so genannte »Helper's High«. Sobald wir unseren Mitmenschen dienen, entsteht in uns das Gefühl, wertvoll zu sein. Lassen Sie sich bitte von dem Ausdruck »dienen« nicht irritieren. Er bedeutet nicht, dass Sie sich demütig unterordnen, sondern dass Sie, indem Sie Ihre wahre Aufgabe erfüllen, damit gleichzeitig anderen etwas weitergeben und sie bereichern.

Ihre Seele führt Sie nur zu Tätigkeiten, die Sie lieben. Genau deshalb sind Sie in diesen auch besonders gut. Egal, welche Aufgabe Sie sich suchen: Lehrer, Mutter, Verkäuferin, Computerfachmann, Hausfrau, Model, Automechaniker, Zahnärztin – solange Sie sie begeistert ausüben, sind Sie darin erfolgreich. Zumindest werden Sie es über kurz oder lang, weil es Ihnen ein Bedürfnis ist, sich auf Ihrem Gebiet zu vervollkommnen. Den Erfolg registrieren Sie in erster Linie selbst. Sie wissen, wann Ihre Arbeit gelungen ist, selbst wenn Ihnen die Anerkennung von außen zunächst versagt bleibt. Doch meist kann Ihre Umgebung gar nicht anders, als früher oder später Ihre Fähigkeit anzuerkennen. Steven Spielberg, einer der erfolgreichsten Regisseure Hollywoods, war besessen davon, Filme zu machen. Jahrelang musste er sich mit zweitklassigen Fernsehproduktionen begnügen, aber immer machte er das Bestmögliche daraus. Schließlich konnten die Studiobosse nicht mehr umhin, sein Talent wahrzunehmen und ihm eine richtige Chance zu geben.

Wenn Sie den richtigen Weg verlieren

Ideal ist es, wenn Sie Ihrer Seele folgen und Ihre besonderen Fähigkeiten frei entfalten können. Doch das ist leider nicht automatisch der Fall. Als Menschen haben wir mehr Freiheit als die übrige Schöpfung. Ein Kastanienbaum kann sich nicht entschließen, Eichenblätter hervorzubringen, ein Löwe folgt den Instinkten seiner Art und verhält sich nicht plötzlich wie ein Hund. Wir dagegen haben die Möglichkeit, unsere Fähigkeiten und Talente zu ignorieren und etwas unserem Wesen Fremdes zu wählen. Manchmal geschieht das aus freien Stücken, meist jedoch unter dem Einfluss unserer Umgebung.

In meiner Beratungspraxis saßen schon häufig Klienten und Klientinnen, die durch ihre Eltern in einen für sie falschen Beruf gedrängt worden waren. Gerade wenn wir als Jugendliche noch unsicher sind, nimmt unsere Umwelt massiv Einfluss auf das, was wir tun.

So ging es Gerhard, einem 34-jährigen Arzt. Ursprünglich wollte er Ingenieur werden. Schon als Junge liebte er es, allein in seinem Zimmer zu sitzen und zu basteln. Sein Vater war jedoch strikt gegen diese Berufswahl. Er machte seinem Sohn klar, dass er als Arzt wesentlich mehr Aussichten hätte. Gerhard fügte sich und studierte Medizin. Das Studium fiel ihm zumindest in den naturwissenschaftlichen Fächern leicht. Nach dem Examen ließ er sich in einer Gemeinschaftspraxis als Allgemeinmediziner nieder. Er war gründlich, gewissenhaft, freundlich – und todunglücklich. Ihm lag es überhaupt nicht, sich täglich auf so viele Menschen einzustellen. Trotzdem glaubte er, das schaffen zu müssen. Von mir wollte er wissen, was er tun könne, um in diesem Punkt aufgeschlossener zu werden. Mir war bald klar, dass Gerhard von seinem Naturell her ein Mensch war, der am besten für sich allein arbeitete. Dabei war er keineswegs ungesellig oder verschlossen. Er hatte einen Freundeskreis und war beliebt. Als ich Gerhard sagte, dass nicht er falsch sei, sondern seine Arbeit, fühlte er sich wie erlöst. »Ich dachte, ich müsste lernen, mich mehr auf andere einzustellen«, sagte er erleichtert. Wir besprachen, welche Tätigkeit ihm denn gemäßer sei. Ein Ingenieurstudium kam für ihn jetzt nicht mehr infrage. Eine praktikable Möglichkeit war jedoch, als Mediziner in einem Labor zu arbeiten. Hier konnte er seine Ausbildung mit seinen Anlagen verbinden. Er beschloss, sich sofort um eine entsprechende Stelle zu kümmern. Gerhard war traurig und depressiv in meine Praxis gekommen und ging mit Freude und Hoffnung. Dabei hatten wir beide nichts weiter getan, als endlich auf seine Seele gehört.

Nicht immer sind es andere Menschen, die für uns die Weichen falsch stellen. Oft scheinen die äußeren Umstände nichts anderes zuzulassen. Irene, eine lebhafte, kreative junge Frau, war auf einem Bauernhof groß geworden. Als sie fünfzehn war, starb ihre Mutter. Die Landwirtschaft warf nicht genug ab, um sich eine teure Hilfskraft zu leisten. Also musste Irene ihre beruflichen Pläne, Grafikerin zu werden, begraben. Sie blieb auf dem Hof und unterstützte ihren Vater bei der Arbeit. Als sie später doch noch eine Ausbildung machen konnte, wählte sie Hauswirtschaft, weil sich das am besten auf dem Hof verwenden ließ. Irene tat ihre Pflicht, aber glücklich war sie nicht.

Oft liegt es vor allem an uns selbst, dass wir unsere Individualität nicht passend ausleben. Hier sind die häufigsten Gründe. Vielleicht gilt einer davon ja auch für Sie:

- *Sie trauen es sich nicht zu.*
  Andere können das schaffen, aber Sie nicht. Sie halten sich nicht für besonders begabt. Es gibt schon so viel arbeitslose Menschen auf dem Gebiet, das Sie interessiert. Wieso sollten gerade Sie sich da durchsetzen können?
- *Sie wollen Sicherheit.*
  Der Spatz in der Hand ist Ihnen lieber als die Taube auf dem Dach. Sie haben Angst davor, den Beruf oder die Arbeitsstelle zu wechseln. Was ist, wenn Sie scheitern? Schließlich könnte das Ihre Existenz gefährden.
- *Sie sind bequem.*
  Die Freizeit opfern? Mobil sein? Keine festen Arbeitszeiten haben? Fortbildung machen? Nein danke, das ist zu viel Aufwand.
- *Sie sind vernünftig.*
  Es ist doch Wahnsinn, wieder von vorne anzufangen, wo Sie schon so viel in die derzeitige Tätigkeit investiert haben. Und an die Altersvorsorge müssen Sie auch denken.
- *Sie lassen sich durch materielle Dinge verlocken.*
  Viel Geld verdienen, ein großes Auto fahren, eine schicke Wohnung haben, Reisen machen – dafür nimmt man schon mal eine ungeliebte Arbeit in Kauf.

Für Ihre Seele gelten sämtliche Motive gleich. Ob nun freiwillig, aus Pflicht, durch Menschen oder Umstände gezwungen, entscheidend ist, dass Sie konträr zu Ihren Anlagen handeln.

Ihre Seele ist scheinbar sanft und harmlos. Wenn Sie ihr nicht folgen, drängt sie Sie nicht und zwingt Sie nicht in die für Sie passende Richtung. Offenbar nimmt sie über Ihre innere Stimme nur beratende Funktion ein und lässt Ihnen ansonsten völlige Freiheit. Von wegen! Lassen Sie sich nicht täuschen. Es gibt kaum etwas Kompromissloseres und Konsequenteres als Ihre Seele. Nur sind ihre Sanktionen nicht so schnell zu durchschauen:

- *Ihre Seele schickt Ihnen ein Gefühl der Freudlosigkeit.*
  Sie haben keinen rechten Spaß an dem, was Sie tun. Zwar machen Sie Ihren Job, und das nicht einmal schlecht, doch ohne Begeisterung. Sie treibt höchstens das Pflichtgefühl, die Aussicht auf Anerkennung und Geld oder die Angst, nichts Besseres zu finden.

- *Ihre Seele warnt Sie mit einem Gefühl der Sinnlosigkeit.*
  Mit Erfolg, vielfältigen Kontakten und Konsum lässt sich die innere Leere eine Weile übertönen. Doch sobald Sie allein sind und zur Ruhe kommen, taucht die Frage auf: »Soll das nun alles gewesen sein?« Besonders deutlich stellt sie sich Menschen, die auf dem für sie falschen Wege bereits viel erreicht haben. Ihnen gelingt es noch weniger als anderen, sich mit Ersatzbefriedigungen zu betäuben.

- *Ihre Seele verursacht eine depressive Verstimmung.*
  Dr. William Glasser, Psychologe und Facharzt für Psychiatrie in Kalifornien, ist der Ansicht, dass es keine Depression ohne seelische Ursache gibt. In einem Interview sagte er mir: »Jeder depressive Mensch, den ich bis jetzt gesehen habe – und ich habe im Laufe der Jahre viele gesehen – hatte einen sehr spezifischen,

logischen Grund für seine Depression. Meist ist ein seelisches Grundbedürfnis, etwa Freiheit, Liebe oder Freude, nicht erfüllt.«

- *Ihre Seele schickt Ihnen eine Krankheit.*

Die Verbindung von Körper und Seele erkennt inzwischen auch die Schulmedizin an. In der Psychosomatik werden sowohl psychische als auch körperliche Faktoren berücksichtigt. Auch die Zusammenhänge zwischen seelischem Befinden und Immunsystem sind wissenschaftlich belegt. Wir dürfen annehmen, dass jede Krankheit eine psychische Komponente aufweist. Von daher ist die Frage berechtigt, was uns unsere Krankheit über unsere Lebensführung sagen will. Die falsche Aufgabe, die falschen Ziele, die falschen Menschen, der falsche Ort können uns krank machen. Eine rein medizinische Versorgung kuriert nur das Symptom. Wir werden erst dann wieder richtig gesund, wenn wir an die Wurzel gehen und in unserem Leben etwas ändern. In diesem Sinne sind auch *Unfälle* ein beliebtes Mittel der Seele, zum Nachdenken zu zwingen. Das hat schon mancher erfahren, der sich z. B. durch die Folgen eines Autounfalls längere Zeit nicht bewegen konnte.

Ihre Seele korrigiert Sie jedoch nicht nur bei dem »Was«, sondern auch bei dem »Wie«. Selbst bei der geliebtesten Aufgabe bekommen Sie die Quittung, sobald Sie zu einseitig werden oder es übertreiben. Wenn Sie zu viel arbeiten und keinen Ausgleich schaffen, werden Sie ebenfalls lustlos, deprimiert oder krank.

Machen Sie ein Meeting mit Ihrer Seele

Falls Sie sicher sein möchten, ob Sie bereits der Führung Ihrer Seele folgen, sollten Sie sich für einen Check Zeit nehmen. Setzen Sie sich in Ruhe mit dem Teil in Ihnen in Verbindung, der darüber wacht, ob Sie Ihre Individualität auch passend ausleben. Hier ist ein Vorschlag, wie Sie das machen können:

Ziehen Sie sich für mindestens eine halbe Stunde zurück. Sorgen Sie dafür, dass Sie nicht gestört werden können. Legen Sie sich auf Ihr Bett oder den Teppich, am besten auf den Rücken, die Arme parallel zum Körper. Schließen Sie die Augen. Spüren Sie Ihren Körper von Kopf bis Fuß durch. Auch er hat Ihnen etwas zu sagen, etwa darüber, wo und warum Sie verspannt sind oder Schmerzen haben. Nehmen Sie seine Botschaft an, und entspannen Sie sich, so gut es Ihnen möglich ist. Nun lassen Sie vor Ihrem geistigen Auge Ihre derzeitige Tätigkeit Revue passieren. Wie fühlen Sie sich dabei? Haben Sie Freude an dem, was Sie tun? Sehen Sie einen Sinn darin? Dienen Sie damit anderen Menschen? Glauben Sie, dass Sie Ihre Arbeit gut machen? Letztlich geht es um die Frage: »Bin ich glücklich mit dem, was ich tue?« Lauschen Sie in sich hinein. Es ist Ihre Seele, die Ihnen die Antwort gibt.

Wenn Sie die obigen Fragen klar bejahen, dann dürfen Sie sicher sein, dass Sie Ihrer Seele folgen. Falls Ihre Antworten eher negativ ausgefallen sind, lohnt es sich, darüber nachzudenken, welche Richtung für Sie besser wäre. Möglicherweise haben Sie davon schon eine klare Vorstellung. Sie sagen vielleicht: »Ich bin Juristin, möchte aber viel lieber Krimis schreiben« oder »Ich arbeite als Finanzbeamter, wäre jedoch gerne selbständiger Computerfachmann«. In dem Fall sind Sie schon im fortgeschrittenen Stadium. Für Sie geht es darum, wie Sie Ihre Vorstellung realisieren können.

Es kann jedoch sein, dass Ihnen im Laufe der Zeit das Empfinden dafür verloren gegangen ist, was Sie wirklich wollen. Zwar spüren Sie deutlich, dass Sie nicht glücklich sind und eigentlich etwas anderes tun möchten, doch wissen Sie nicht so recht was. Sie haben sich schon zu weit von Ihren Träumen entfernt. Dann ist erst einmal notwendig, dass Sie sie wieder entdecken.

In Träumen und Sehnsüchten zeigt Ihnen Ihre Seele den Weg

Es gibt einen Weg, Ihre besonderen Talente wieder zu finden: Erinnern Sie sich daran, wie Sie als Kind und in Ihrer Jugend waren. In jungen Jahren sind unsere Anlagen noch lupenrein sichtbar. In Tagträumen und Sehnsüchten nehmen wir ihre Entfaltung vorweg. Von daher kann Sie eine Rückbesinnung auf diese Zeit auf die eigene Spur bringen. Das gilt auch, wenn es damals nicht rosig für Sie ausgesehen hat. Vielleicht sogar gerade dann. In dem Fall richten wir uns nämlich häufig eine Phantasiewelt ein, in die wir uns flüchten und an die wir uns später gut erinnern.

Für den amerikanischen Psychoanalytiker James Hillman sind unsere Kinder- und Jugendträume frühe Symbole unserer Berufung. In ihnen zeigt sich unsere Veranlagung und damit auch unsere spätere Lebensaufgabe. In seinem Buch »Charakter und Bestimmung« beschreibt Hillman am Beispiel berühmter Menschen, wie sich in Kinderwünschen und -träumen bereits die spezielle Eigenart zeigt:

Josephine Baker, die später weltberühmte Tänzerin, wuchs unter Umständen auf, die ein weniger starkes Kind kaum überlebt hätte. Doch schon damals tanzte sie in einem Keller, in dem sie eine Bühne aufgebaut und Kisten zum Sitzen aufgestellt hatte. Ihr Publikum waren andere Kinder.

Der Geigenvirtuose Yehudi Menuhin wünschte sich zu seinem vierten Geburtstag eine Geige. Um ihm seinen Wunsch zu erfüllen, schenkte ihm ein Freund der Familie eine blecherne Spielzeugfidel mit Metallsaiten. Der kleine Yehudi brach in Tränen aus, warf das Instrument wütend weg. Er wollte eine echte Geige.

Elias Canetti, der später den Nobelpreis für Literatur erhielt, flehte mit fünf Jahren seine Cousine, die schon lesen und schreiben konnte, förmlich an, es ihm endlich beizubringen.[19]

Vielleicht wenden Sie jetzt ein: »Dabei handelt es sich auch um besonders talentierte Menschen. Kein Wunder, dass sich deren Begabung schon früh Bahn bricht.« Sie sind durchaus bereit, Menschen mit auffälligen Talenten als herausragend zu betrachten. Aber Sie? Sie singen nur unter der Dusche. Gedichte haben Sie zum letzten Mal mit dreizehn ins Poesiealbum Ihrer Freundin geschrieben. In Mathe standen Sie immer schlecht, und besonders altruistisch sind Sie auch nicht. Also – nichts Besonderes?

James Hillman weist solche Vergleiche eindeutig zurück: »Außergewöhnliche Menschen gehören nicht einer anderen Kategorie an, die Arbeitsweise dieses Motors (d. h. die innere Führung, E. W.) ist bei ihnen einfach nur leichter erkennbar.«[20]

Auch Sie haben spezielle Begabungen. Sie führen zu der Aufgabe, die Sie in diesem Leben am besten erfüllen können. Deshalb lohnt es sich genauso für Sie, sich die Träume und Wünsche zu vergegenwärtigen, die Sie als Kind und im jugendlichen Alter hatten.

Ihre Erinnerungen werden kaum auf Knopfdruck auftauchen. Deshalb schlage ich Ihnen vor, es einmal mit einer Phantasiereise zu versuchen. Voraussetzung dazu ist allerdings, dass Sie sich dabei wohl fühlen. Wenn Sie wissen, dass in Ihrer Kindheit ziemlich schlimme Dinge passiert sind, sollten Sie lieber darauf verzichten und die folgenden Etappen mit offenen Augen und nur in Gedanken durchgehen. Ansonsten können Sie diese Phantasiereise problemlos machen.

Sind Sie bereit? Dann schließen Sie bitte die Augen. Entspannen Sie sich, so gut es Ihnen möglich ist. Atmen Sie ruhig und gleichmäßig.

Stellen Sie sich vor, Sie machen die Reise zurück zu Ihrer Kindheit und Jugend in einer Zeitmaschine. Sie sitzen in einem bequemen Sessel und fahren langsam zurück in Ihre Vergangenheit. Von Ihrem sicheren Platz aus betrachten Sie alles mit liebevoller Distanz. Dabei sollen Sie nichts erneut durchleben, sondern nur beobachten. Es geht nur um Ihre Wünsche und Träume.

Fahren Sie mit der Zeitmaschine zunächst in das Alter zwischen *vier und sechs* Jahren. Schauen Sie sich dort um. Wie oder was wollen Sie in diesem Alter sein? Vielleicht träumen Sie davon, Zirkusprinzessin, Sängerin, Lokomotivführer, Cowboy oder Indianerhäuptling zu werden. Eventuell taucht auch ein Erlebnis auf, das Sie dazu inspiriert hat, bestimmte Vorstellungen zu entwickeln. Vor meinen Augen zeigt sich zum Beispiel folgende Szene:

Mit sechs Jahren sehe ich zum ersten Mal im Theater ein Weihnachtsmärchen, »Peterchens Mondfahrt«. Die als verkleidete Maikäfer in der Luft schwebenden Schauspieler beeindrucken mich so, dass ich zu Hause auf einem Küchenstuhl versuche abzuheben und meinen Eltern klipp und klar erkläre, ich würde Tänzerin. Vielleicht gibt es ähnlich bedeutsame Erlebnisse für Sie.

Nun fahren Sie in Ihrer Zeitmaschine in das Alter zwischen *acht und zehn*. Wovon träumen Sie da? Wahrscheinlich haben Sie die Wünsche Ihrer frühen Kindheit inzwischen gegen die Hauptfigur eines Buches oder einer TV-Serie eingetauscht. Für meine Generation gab es in dieser Zeit noch kein Fernsehen. Dafür las ich sämtliche Karl-May-Bände. Old Shatterhand war mein großes Vorbild. So mutig und edel wollte ich auch sein.

Reisen Sie noch einmal ein gutes Stück weiter, *in die Pubertät*. Wovon träumen Sie da? Vielleicht halten Sie es für möglich, die große Liebe zu erleben, bedeutende Entdeckungen zu machen, ein Star zu werden, richtig viel Geld zu verdienen, einen interessanten Beruf auszuüben. Sie kleben das Poster Ihres Lieblingsstars an die Wand oder blättern mit glänzenden Augen Modezeitschriften durch. Möglicherweise bewundern Sie auch Erwachsene, etwa Ihren Judo-Trainer oder die Tochter Ihrer Nachbarin, die gestylt in die Disco geht. Wovon träumen Sie in diesem Alter?

Kehren Sie nun wieder in die Gegenwart zurück. Öffnen Sie die Augen. Atmen Sie tief durch. Reiben Sie Ihre Handflächen ein paar Mal gegeneinander und klopfen Sie sich mit den Händen sanft ab, als ob Sie sich den Staub einer langen Reise vom Mantel klopfen.

Ich hoffe, Sie haben auf diese Weise wieder Kontakt zu Ihren

Träumen und Wünschen der frühen Jahre bekommen. In einigen Fällen kann es allerdings passieren, dass weder bei der Phantasiereise noch beim bloßen Nachdenken Erinnerungen auftauchen. Die Vergangenheit versinkt in dichtem Nebel. Das hat seine guten Gründe. Erinnerungen können so unangenehm sein, dass das Unterbewusste sie lieber unter Verschluss hält. In dem Fall sollten Sie nichts erzwingen. Ihre Erinnerung wird ganz gewiss zur rechten Zeit wieder auftauchen. Lesen Sie einfach weiter. Auch das gibt Ihnen Anregungen. Die meisten Menschen können sich jedoch recht gut erinnern. Ich gehe deshalb einmal davon aus, dass Sie dazugehören.

Vielleicht fanden Sie es ganz interessant, zurückzuschauen, fragen sich aber, wie Sie denn Ihre Träume von damals heute umsetzen sollen. Schließlich sitzt die Zirkusprinzessin inzwischen am Fahrkartenschalter. Der Cowboy fährt als Versicherungsvertreter über Land. Der Popstar hat einen Job als Musiklehrer. Der Kungfu-Kämpfer übt sich in der Bank im Konkurrenzkampf. Jedes Klassentreffen in späteren Jahren zeigt Ihnen, was im Endeffekt aus Jugendträumen und dem persönlichen Gefühl von Besonderheit und Stärke wird. So eindeutig wie bei manchen Berühmtheiten ist es wohl doch nicht. Vergessen wir es also? Halt, bitte nicht so schnell. Dass Sie Ihre Träume nicht direkt auf Ihr Erwachsenenleben übertragen konnten, bedeutet nicht, dass es sich dabei nur um Seifenblasen handelt.

Es geht darum, in welche Richtung Ihre Wünsche und Ihre Lieblingsbeschäftigungen weisen. Versuchen Sie, den gemeinsamen Nenner Ihrer Neigungen von damals zu finden. Vielleicht liegt er in künstlerischen Dingen, in der Unterstützung anderer, im

Wunsch nach Erkenntnis, im Lehren oder in der Kommunikation. Indem Sie sich darüber Gedanken machen, erhalten Sie wichtige Hinweise auf Ihre individuelle Besonderheit, auf Ihre persönliche Berufung. In diesem Sinne können Sie die Träume von damals für die Gegenwart fruchtbar machen. Entscheidend ist, dass Sie sie nicht als infantile Spinnereien abtun, sondern als erste Wegweiser Ihrer Seele nehmen, wohin für Sie die Reise gehen soll.

Viele Wege führen nach Rom

Frühe Vorstellungen werden selten direkt umgesetzt. Das geschieht meist nur dann, wenn es sich um eine eindeutige Begabung handelt. Es gibt Menschen, die schon als Kind wussten, was sie werden wollten, und später genau diesen Beruf ergriffen, diese Aufgabe erfüllten oder zumindest ein entsprechend intensives Hobby ausübten. Erst heute Morgen las ich im Hamburger Abendblatt unter der Rubrik »Menschlich gesehen« die Kurzbiografie des Tierarztes, der in Hagenbecks Tierpark die Löwen versorgt. Schon als Dreijähriger wusste er, dass sein Beruf etwas mit Tieren zu tun haben sollte. Nach regelmäßigen Besuchen mit den Eltern im Tierpark stand »Tierpfleger« ganz oben auf seiner Wunschliste. Während der Schulzeit wollte er Grzimeks Nachfolger werden und als Biologe Tiere in freier Wildbahn beobachten. Schließlich landete er bei der Tiermedizin.

Eine solche Geradlinigkeit ist sicher beneidenswert, aber nicht zwingend notwendig. Der Kern Ihrer Träume, Wünsche und

Lieblingsbeschäftigungen lässt Ihnen viel Spielraum, ihn zu realisieren. Dazu steht Ihnen eine reichhaltige Palette unterschiedlicher Tätigkeiten zur Verfügung.

Wenn die Essenz Ihrer Träume darin besteht, andere Menschen zu unterstützen, reicht das von der Kindererziehung bis zum Coaching für Führungskräfte. Ebenso können Sie es als Barfrau ausleben, die ein offenes Ohr für ihre Gäste am Tresen hat. Oder als Pizzabäcker, der seine Kunden mit der leckersten Pizza der Gegend beliefert.

Ist künstlerische Kreativität Ihr Antrieb, haben Sie keineswegs nur die Wahl, Schauspieler, Malerin, Schriftsteller oder Töpferin zu werden. Sie können sie genauso gut als Computerfachmann oder Floristin ausleben. Aus eigener Erfahrung kann ich bestätigen, dass sogar eine psychologische Beratung ebenso viel künstlerische Elemente enthalten kann wie das Malen eines Bildes.

Auch ein radikaler Wechsel der Arbeitsbereiche ist im Laufe des Lebens möglich und oft sogar notwendig, ohne dass der Kern verloren geht. Indem Sie wechseln, entwickeln Sie sich weiter und erschließen sich neue Bereiche. Sicher kennen Sie selbst einige Menschen, die in ihrer Tätigkeit einen Zickzackkurs eingeschlagen haben und sich trotzdem in ihrem Kern absolut treu geblieben sind. In meinem Bekanntenkreis ist Sabine, eine Heilpraktikerin für chinesische Medizin. Früher war sie Kostümbildnerin. Als ich sie fragte, was für sie diese beiden unterschiedlichen Berufe miteinander verbindet, sagte sie: »Das Helfen«. Für sie ist es im Grunde dasselbe, ob sie seinerzeit mit Kostümen dem Regisseur und den Schauspielern half, sich auszudrücken, oder ob sie heute ihren Patienten mit Akupunkturnadeln hilft, gesund zu werden.

Ihre Seele ebnet Ihnen den Weg

Ich wünsche Ihnen sehr, dass Sie bereits Ihrer Seele folgen und sich am richtigen Platz befinden. Doch selbst wenn das nicht der Fall sein sollte, haben Sie hier und jetzt die Chance, das zu ändern. Es steht Ihnen jederzeit frei, einen neuen Kurs einzuschlagen.

Mir ist durchaus bewusst, dass ich damit etwas sehr Provokantes behaupte. Vielleicht besitzen Sie nur geringe finanzielle Mittel, befinden sich jenseits der für Firmen attraktiven Altersgrenze, haben eine Familie zu versorgen, sind an einen Partner gebunden, der nicht mitspielt, sitzen auf dem Dorf oder haben keine geeignete Ausbildung.

Diese Hürden will ich keineswegs herunterspielen. Doch sie sind überwindbar, wenn Sie bereit sind, flexibel zu sein und den notwendigen Preis dafür zu bezahlen. Was das im Detail bedeutet, haben Sie ja bereits unter der entsprechenden Spielregel erfahren.

In jedem Fall erfordert es Mut, Vertrautes loszulassen. Nachdem Sie sich für einen neuen Weg entschieden haben, müssen Sie erst einmal ein Niemandsland durchschreiten. Das Alte stützt Sie nicht mehr, und das Neue bietet noch keine Sicherheit. Dies ist die Zeit der Zweifel. Immer wieder werden Sie von Gedanken gequält, ob Ihre Entscheidung überhaupt richtig war. Vielleicht sind Sie ja nur einer Illusion gefolgt und es wird böse enden? Meist dauert es eine Weile, bis Sie Fuß gefasst haben und sich heimisch fühlen.

Ein Kurswechsel ist auch mit persönlichen Opfern verbunden. Das kann ich nicht nur mit vielen anderen, sondern auch mit meiner eigenen Geschichte belegen: In meinem ersten Beruf als Lehrerin für Deutsch und Philosophie spürte ich deutlich, dass es nicht die richtige Aufgabe für mich war, obwohl ich durchaus erfolgreich unterrichtete. Also verabschiedete ich mich von der Sicherheit und wechselte zu dem, wohin es mich wirklich zog. Ich begann, Psychologie zu studieren, wobei ich mich mit verschiedenen Jobs über Wasser hielt. Nach dem Diplom bot man mir eine Stelle als Redakteurin für Psychologie an, ein Traumjob, um den mich viele beneideten. Trotz interessanter Tätigkeit und hohem Gehalt kündigte ich nach einem Jahr, weil ich das starke Gefühl hatte, am falschen Platz zu sein. Ich erkannte, dass es mein Weg war, als Psychotherapeutin zu arbeiten. Zwar habe ich seitdem nicht mehr so rigoros die Richtung gewechselt – das wurde zunehmend weniger nötig, je mehr ich meine wirkliche Aufgabe fand –, doch habe ich mehrfach deutlich meinen Arbeitsschwerpunkt verändert, ohne dass ein neuer beruhigend in Sicht gewesen wären. Ich versichere Ihnen, dass ich auch noch mit achtzig Jahren unbedingt tun werde, was mir meine Seele rät. Es ist für mich der einzig mögliche Weg zum Glück.

Falls Sie Ihre Situation nicht radikal ändern können oder wollen, reicht es oft schon aus, Ihre Träume wenigstens teilweise zu realisieren. Etwa indem Sie sich innerhalb Ihres Berufes eine Ihnen gemäßere Richtung suchen, ein Ehrenamt annehmen oder ein Hobby ausüben.

In jedem Fall gilt: Haben Sie Mut. Zeigen Sie Initiative. Lassen Sie sich nicht von äußeren Umständen abhalten. Folgen Sie Ihrer Seele so konsequent, wie es Ihnen möglich ist. Dann werden Sie mit ziemlicher Sicherheit etwas entdecken, das Ihnen auch für künftige Schritte Vertrauen gibt: Ihre Seele ebnet Ihnen den Weg.

Wenn Sie Ihrer Seele entschlossen folgen, geschehen oft unvorhersehbare Dinge. Plötzlich öffnen sich Türen. Sie treffen »zufällig« die richtigen Leute und erhalten unerwartet Unterstützung. Manchmal mutet das regelrecht mysteriös an.

Adriane, 38, war ursprünglich Künstlerin. Sie hatte eine Ausbildung für freie Malerei an der Hochschule für bildende Künste absolviert. Weil sie von ihrer Kunst nicht leben konnte, nahm sie eine Tätigkeit als Immobilienmaklerin an. Die wurde mit der Zeit immer umfangreicher und forderte ihre ganze Energie, sogar am Wochenende. Abends war sie zu müde, um noch zu malen. Immerhin verdiente sie gutes Geld und war recht erfolgreich. Eineinhalb Jahre arbeitete sie auf diesem Gebiet. Dann wurde ihr klar, dass sie so nicht glücklich würde. Sie entschloss sich, die Maklertätigkeit aufzugeben. Lieber wollte sie ganz bescheiden leben, aber nicht mehr ohne ihre Kunst. Kurz nachdem sie diesen Entschluss gefasst hatte, lernte sie bei einer Hausbesichtigung einen Antiquitätenhändler kennen. Im Gespräch erwähnte er, dass er jemanden suche, der die Häuser seiner wohlhabenden Kundschaft mit Wandmalereien schmückt. Adriane übernahm diese Aufgabe. Inzwischen ist sie eine gesuchte Malerin für Trompe-l'œil-Malerei, dekoriert Villen und Schlösser. Sie liebt diese Arbeit und hat gleichzeitig genügend Zeit und Geld für ihre freie Malerei.

Manchmal scheint es sogar so, als ob unsere Seele nicht nur den richtigen Weg ebnet, sondern ihn überhaupt erst herstellt. Wenn Sie Biografien berühmter Frauen und Männer lesen, werden Sie in deren Leben immer wieder erstaunliche Wendungen finden, die sie von ihrer geplanten Zukunft völlig abbrachten und ihre Aufgabe möglich machten.

Ein berühmtes Beispiel dafür ist der Maler Henri Matisse, einer der größten des zwanzigsten Jahrhunderts. Er studierte Jura, und es gab überhaupt keinen Zweifel daran, dass er Jurist werden würde. Als er wegen einer Krankheit monatelang ans Bett gefesselt war, schenkte ihm seine Mutter einen Malkasten, damit er sich beschäftigen konnte. Er begann zu malen. Das war der Beginn seiner Laufbahn als Künstler.

Auch für Sie können aus heiterem Himmel Chancen auftauchen, an die Sie nicht im Traum gedacht haben. Indem Sie zugreifen, erkennen Sie überrascht, dass es genau das ist, was Sie immer tun wollten.

Im Grunde sind solche wunderbaren Ereignisse weniger magisch, als Sie vielleicht glauben. Sie lassen sich so erklären: Wenn Sie sich zu einer bestimmten Tätigkeit entschlossen haben, sind Sie für alles, was damit zusammenhängt, besonders aufmerksam. Sie nehmen Gelegenheiten wahr, die Sie sonst übersehen hätten. Doch selbst bei Angeboten, an die Sie vorher niemals gedacht haben, greifen Sie nur dann zu, wenn bereits eine innere Anziehung herrscht. Matisse hätte schließlich den Malkasten in der Nachttischschublade verschwinden lassen und nach seiner Genesung das Jurastudium wieder aufnehmen können. Warum wir allerdings solche für uns einzigartigen Chancen tatsächlich bekommen, bleibt wohl weiterhin ein Geheimnis.

Art Read, ein amerikanischer Seminartrainer, der schon mit Tausenden von Menschen gearbeitet hat und religiöses Wissen in seine Veranstaltungen einbringt, sagte kürzlich in einem Vortrag voller Überzeugung: »Wenn Gott dich irgendwo hinhaben will, dann kriegt er dich auch dahin, darauf kannst du dich verlassen!« In diesem Sinne scheint Ihre Seele Gottes rechte Hand zu sein.

Sträuben Sie sich nicht gegen ihre Führung, sondern folgen Sie ihr. Sie weiß am besten, was Sie wirklich glücklich und erfolgreich macht.

Anmerkungen

1 Florence Scovel Shinn: Das Lebensspiel und seine mentalen Regeln. München 1990, S. 7

2 Omar Ali-Shah: Sufismus für den Alltag. München 1998. S. 27 f.

3 Epiktet: Handbüchlein der Moral. Stuttgart 1992, S. 35 f.

4 C. David Heymann: Armes kleines reiches Mädchen. Leben und Legende der Barbara Hutton. München 1989, S. 184

5 Günter Scheich: ›Positives Denken‹ macht krank. Vom Schwindel mit gefährlichen Erfolgsversprechen. Frankfurt 1997, S. 93

6 Paul Ferrini: Denn Christus lebt in jedem von euch. Braunschweig 1999, S. 86

7 Shane Murphy: Die Kunst, erfolgreich zu sein. Acht Schritte zur persönlichen Bestleistung. München 1997, S. 35 ff.

8 Martin Buber: Nachlese. Gerlingen 1993, S. 19

9 Drukpa Rinpoche: Tibetische Weisheiten. München 1999, S. 55

10 Uta Hess: Die Ich-Gesellschaft. Vom Umgang mit Egozentrikern. München 2000, S. 48

11 Harvey Mackay: Networking. Das Buch über die Kunst, Beziehungen aufzubauen und zu nutzen. München 1997, S. 18

12 Drukpa Rinpoche, a. a. O., S. 91

13 Stuart Wilde: Geld – fließende Energie, München 1999, S. 46

14 Susan Jeffers: Selbstvertrauen gewinnen. Die Angst vor der Angst verlieren. München 1998, S. 121 ff.

15 Viktor E. Frankl: trotzdem Ja zum Leben sagen. Ein Psychologe erlebt das Konzentrationslager. München 1979, S. 108

16 Ebd., S. 109

17 Mitch Alban: Dienstags bei Morrie. Die Lehre eines Lebens. München 1998, S. 21

18 Brigitte 6/2000, S. 152

19 James Hillman: Charakter und Bestimmung. Eine Entdeckungsreise zum individuellen Sinn des Lebens. München 1998, S. 56

20 ebd., S. 48

Eva Wlodarek

Mich übersieht keiner mehr

Größere Ausstrahlung gewinnen

Band 14458

Sie wird umschrieben als »ein geheimnisvoller Zauber«, »das gewisse Etwas, das Menschen auf uns aufmerksam macht« oder als »eine Art Harmonie«. Und obwohl sie für jeden im Detail etwas anderes bedeutet, so wissen wir doch alle: Unsere positive Ausstrahlung bestimmt unser Auftreten. Mit ihr steht und fällt unsere Wirkung auf andere, sie ist damit die Voraussetzung für Erfolg in allen Bereichen des Lebens.

Doch wer ist schon richtig glücklich mit seiner Ausstrahlung? Frauen jeder Bildungsstufe, jeder Altersgruppe und jeglichen Aussehens haben Probleme. Sie zweifeln an sich selbst und an ihrer Wirkung auf andere. Sie stellen ihr Licht unter den Scheffel. Sie sind sich ihrer eigenen Wirkung nicht bewußt und reagieren mit Staunen, wenn sie ein positives oder negatives Feedback bekommen.

Die Autorin bietet das psychologische und praktische Know-how, um an der eigenen Ausstrahlung zu arbeiten. In zehn Schritten lernen Sie, Ihre persönliche Ausstrahlung zu entwickeln.

Fischer Taschenbuch Verlag

Eva Wlodarek
Jetzt geh ich's an
Besseren Kontakt zu sich und anderen finden
Band 15066

Einsamkeit ist kein Schicksal, sondern eine Herausforderung, besseren Kontakt zu sich selbst und anderen zu finden. Eva Wlodarek zeigt in diesem Buch, wie sich das Leben nach den eigenen Wünschen und Bedürfnissen gestalten läßt.

Fischer Taschenbuch Verlag

Eva Wlodarek

Den richtigen Mann finden

Sechs Schritte zur passenden Partnerschaft

Band 14080

Ob wir den Mann fürs Leben finden, liegt nicht an den äußeren Umständen, sondern vielmehr an uns selbst. Haben wir möglicherweise »blinde Flecke«? Kennen wir uns nicht gut genug? Leiden wir an einer unbewußten Zwiespältigkeit? Verlieben wir uns immer in den Falschen, oder fehlt uns das Know-how, einen Mann kennenzulernen? Das läßt sich ändern!
Eva Wlodareks Programm in sechs Schritten hilft Ihnen, durch bessere Selbsterfahrung den passenden Partner zu finden. Zu jedem Schritt bietet Eva Wlodarek den Leserinnen Übungen, psychologische Informationen und Ratschläge. Ein Buch für alle, die ernsthaft Schluß machen wollen mit dem Alleinsein!

Fischer Taschenbuch Verlag